Contrôle

DES

RUINES DE VOLNEY

Par Jacques BRETON,

PRÊTRE A PALISSE, DIOCÈSE DE TULLE.

Clermont-Ferrand,

IMPRIMÉ CHEZ AUGUSTE VEYSSET,

Imprimeur et Lithographe,

Rue de la Treille, 14.

1860.

Avant-Propos.

Toutes les fois qu'un livre anti-religieux circule dans les campagnes et laisse, chez les oisifs de nos petites cités, des impressions de doute ou d'obstination à confondre tous les cultes, il serait urgent qu'il y eût, même dans un degré inférieur, une réplique indiquant la mauvaise foi, et rétablissant les personnages à la hauteur qui leur appartient : c'est ce que j'ai essayé de faire, sans m'étendre aussi loin que Volney, qu'il serait difficile de suivre en géographie ou astronomie, sciences, qu'il promène et fait asseoir à côté de sa physique, toujours la même pour enseigner, et cependant variable en ses résultats; de sorte, que son écho forcé d'avoir le même son, s'il s'étend un peu loin, garde quelques initiales, et se matérialise tellement qu'il n'est plus qu'un caméléon.

Fier de ses dieux zodiacaux, dont on aurait dû respecter l'ensemble et la valeur, lui-même ne peut les retrouver en aucune religion, de manière à remplir ses idées. Il force la matière à conduire le genre hnmain, et l'esprit la prédomine partout. Il retarde les asmonéens jusques aux temps rapprochés du Messie, et il veut qu'ils suivent la trace des bouddhistes, qui se perdent dans la nuit des temps. Il déplore le sort d'un nombre incalculable de juifs, qui, avec un dieu bien connu, bien séparé des autres, s'inspirent, sans cause, d'une religion évangélique ; aussi menace-t-il les pères chrétiens des premiers siècles de leurs allégories : quand il voudra les traduire, ils pourront se défendre tous seuls, avec la seule marche de leur doctrine. On le voit contester aux évangélistes l'authentique de leurs œuvres ; veut-il aussi s'en prendre aux actes des apôtres, aux épîtres de saint Paul, si pleines d'actualité et si inséparables de son époque. Quelque manichéen a écrit et défiguré les évangélistes ; il les croit sur parole, et il n'ajoute pas que tout est suivi dans l'histoire du christianisme. Les apôtres, saint Lin, saint Anaclet, saint Clément, sont du 1er siècle, peut-être même le pasteur d'Hermas ; quant au 2e siècle, saint Polycarpe, saint Ignace d'Antioche, saint Justin, martyr ; saint Irénée, de Lyon, conduisent au 3e siècle, avec Origène, Tertullien, d'autres Cléments d'Alexandrie, Lactance, etc. ; et que le 4e siècle est plein de docteurs qui se suivent sans interruption jusqu'à nous.

Les notes de Volney sont une confirmation de sa classique théorie ; soit finesse pour éloigner l'idée d'un matérialisme trop assommant, il renvoie à une figure qui se rapporte à ses exposés, pour avoir le plaisir de la confronter avec son départ. Il ne cesse d'avoir en ses mains des objets physiques qu'il retourne en tous sens, et, liés ou séparés les uns des autres, il profite de toutes les conjectures. C'est ainsi qu'un marchand de marionnettes vous présente la tête de l'une, les pieds de l'autre, puis des ailes, puis des acéphales, et, selon vos goûts, vous donne sa comédie en extraits, ou dans un ensemble, ou problème, n'importe !

Je ne vois pas qu'il ait choisi l'Egypte, avec opportunité, pour arsenal à ses armoiries ; il est certain que le climat lui convient le moins pour la guerre de ses dieux : c'est toujours l'hiver qu'on redoute, qu'on veut assassiner, qu'on couvre de malédictions, et il est à l'abri, en Egypte, où son influence est moins qu'ailleurs. Comment prendre tant de colère contre une saison inoffensive ?

Les zodiaques tant vantés, avec des noms d'animaux, s'expliquent assez naturellement par la force des saisons, où les bêtes se plaisent davantage et se développent mieux ; mais on ne voit pas ici la moindre idée religieuse. Quand on a adoré les animaux ce ne sont pas ceux des astres, et les sabbéens n'ont rien à faire avec les bêtes terrestres. Faire de l'astronomie toute la valeur de la science religieuse, c'est supputer et mentir, et trouver ce à quoi personne n'a pensé. Si j'habille un diable, comme il fait un fantôme, c'est qu'en jeux d'imagination la carrière est vaste, et qu'on peut s'en servir à son gré.

Contrôle

DES

Ruines de Volney.

*Dominus scit cogitationes hominum
quoniam vanæ sunt.*

Comment un homme peut-il s'expliquer les phases de ce monde, en mesurant les choses à la valeur de ses propres idées, toujours en lutte contre celles de son voisin? Comment la science ici bas peut-elle fixer le vrai et le faux dans les intérêts si divers des hommes entre eux? Comme la foudre précipite ses actions irrésistibles, livrées à elles-mêmes, nos colères allument la destruction et la mort, selon la pression de nos convoitises, et nous n'aurons pas besoin d'un bras plus fort que le nôtre, pour réprimer nos fureurs, et nous sauver d'un massacre qui deviendrait général, si Dieu ne présidait à nos destinées.

L'enfant n'arrive à l'âge mûr qu'au milieu des fatigues et des sollicitudes de la famille. Les grands rôles ne se jouent qu'aux dépens des peuples, qui les alimentent de leurs sueurs et de leurs sacrifices. Les populations fortes, puissantes, nombreuses, ne peuvent se soutenir qu'en s'aidant, et fournissent à la cause commune et au régime gouvernemental des masses de secours, toujours aux dépens de leurs tributaires. Vous ne pouvez voir de magnificence qu'en l'appuyant au loin, sur les renforts multiples d'actions soumises et dépendantes. Ce qui parle à tout le monde dans le voisinage des grandes habitations, ce sont les tombeaux, et ils n'arrêtent pas un vouloir d'agrandissement et d'aisance, qui tourbillonne dans tous les esprits, et présente la visible perspective qu'il faut aux hommes, une autre existence, un nouvel ordre de choses, pour se contenter, pour étendre ses facultés, et satisfaire ses désirs incessants. Partout l'on a cherché à vivre ailleurs qu'ici-bas, et ce cri du genre humain serait une folie ajoutée à toutes celles qui troublent le repos, qui paralysent nos efforts.

Quand nous serions sur les ruines de Palmyre, ces restes d'une grande cité, ces amas d'édifices renversés, ces ondulations de débris, de pierres dispersées, de cavernes pour les bêtes nocturnes, des colonnes tristes et abbatues, riches dépouilles des habitants d'autrefois, le morne silence de la mort, à côté quelques familles de pâtres insouciants, qui se disputent chaque jour avec les reptiles, et jalousent à leur manière la dernière domination des richesses humaines; si tout cela n'enseigne que le néant, pourquoi ne restait-il pas toujours le maître, lui qui certainement viendra à bout de tout ce qui existe, comment a fait le néant dominateur pour se laisser surprendre, lui qui est si avide de ravages, si puissant pour la destruction, si bien armé pour renverser les hommes et leurs œuvres.

Où tant de fins se précipitent, n'y eut-il pas un commencement, et s'il n'existe pas de cause primordiale à des chutes sans cesse renouvelées, l'ébahissement de ne voir sur la terre qu'un champ de ruines et de carnage, que laisse-t-il aux résolutions de ce monde, que la stupide apathie de finir le plutôt possible. Le droit au néant vaut-il la peine qu'on le recherche dans la sagesse des anciens Egyptiens, qu'on évoque Sabéens, Phéniciens, Juifs orientaux, tous les peuples d'autrefois, et ceux qui existent aujourd'hui. Vous êtes sûr de disparaitre de la scène du monde, ne vous tourmentez pas l'esprit pour nous prouver la mort, et n'allez pas à Palmyre pour rencontrer des ravages irréfragables.

A Palmyre, en Egypte, et ailleurs, l'on n'a pas plus cru au néant qu'on n'y croit aujourd'hui, et peut-être moins. Vouloir que les idées religieuses des anciens peuples ne soient qu'un jeu de matérialistes, que des almanachs ambulants, qu'on ait inventé Dieu et toutes les religions passées, présentes, c'est bien vouloir ne pas se rendre compte des croyances, et habiller de grec et d'hébreu un mensonge impudent, que rejettent toutes les doctrines, même celles des idolâtres.

Depuis quand Volney ordonne-t-il aux peuples de croire de cette façon, pendant qu'ils protestent que ce n'est pas leur sentiment, bon gré malgré il les fait sortir de ses combinaises que partout l'on méprise avec horreur, pour avoir étudié les astres, et laissé quelques notions astronomiques, le philosophe ajoute que toute formule religieuse est une fabrique appropriée aux appellations de quelques étoiles; comme le soleil et la lune se trouvent en tous lieux, partout aussi devait-on s'entendre sur leur article.

Les signes du zodiaque n'ont jamais fait de religion. Il est impossible qu'il en existe une, dont le terme s'arrête à la désignation des astres. La foi est un exercice de l'esprit dans l'inconnu que l'on espère d'atteindre, et non un remûment physique des astres. Les athées n'ont jamais voulu de religion, donc aucune religion n'est un système d'Athées. Idolâtres, Sabéens, Egyptiens, Phéniciens, n'importe la nomenclature de leurs divinités, tous ont admis une vertu divine, cachée, ou présente par tel ou tel objet, et l'on peut faire un acte religieux, sans le pressentiment d'une existence quelconque, dont la ramification s'élève à un être qui domine d'une façon ou d'autre, soit en bien soit en mal.

Les prêtres des idoles pouvaient très-bien n'être pas soucieux de l'objet de l'adoration générale, ce n'est pas une preuve qu'ils fussent athées. Leur charge les portait à se prêter aux exigeances de l'epoque, mais ne maîtrisait pas toutes leurs opinions; ils pouvaient être fourbes par intérêt, et hors le domaine de leurs attributions, prolonger des croyances différentes du vulgaire. Comme aussi les adorateurs, à quelque rang qu'ils appartiennent, soumettent leur foi selon l'usage à une plante, ou étoile, ou animal, à condition qu'il leur arrive de reversible une influence surnaturelle quelconque, qui détermine leur culte; autrement il n'y a pas d'adorateurs.

En confrontant toutes les sectes éparses dans le monde, vous trouvez, dites-vous, une infinité d'erreurs, oui, si vous voulez prendre les points partiels et dissidents; vous ne devriez pourtant pas rencontrer tant d'anathèmes, les uns contre les autres, puisque vous vous arrangez de manière à leur dire, le même cadre vous enferme, c'est un zodiaque que vous expliquez chacun à votre profit, depuis l'Inde jusqu'à Rome, depuis le Lapon jusqu'à l'Egyptien, vous partez tous du calendrier, et n'êtes dans vos noms, vos problèmes, et votre doctrine, qu'une signification d'astronomie, c'est bien tout ce que cherche à dire le philosophe en question des ruines sur Palmyre.

Son génie, sous la forme d'un spectre, a bien la mine d'un démon, si jamais il en fut; ne semble-t-il pas qu'en homme convaincu il va se jeter dans un abîme de ténèbres, pour obscurcir toute l'action de l'esprit, n'ose pas le faire seul, et se fait accompagner d'un monstre qui raisonne, pour prouver qu'il n'y eut jamais de raison.

Volney commence pauvre, attristé, pensif, réveur, roule de sinistres pressentiments. Ma patrie, dit-t-il, que j'ai laissée dans un état florissant, ses campagnes en culture vivace et abondante, ses cités nombreuses pleines d'industrie, toute cette force de civilisation n'est pas comparable à l'ancienne Palmyre triomphante, en Asie, et donnant la main aux plus grands fleuves du monde; ses nautonniers depuis l'Inde et Gilbraltar étonnaient la mer de sa magnificence. Hélas! peut-être un jour mon pays solitaire n'aura que des épines et des villes désertes. Croyez-le, Volney, si vous ne destinez à votre pays qu'un matérialisme éternel, il sera suffoqué par cette absorption qui dégrade et résiste à la vitalité. Aucun intérêt philosophique ne pourra le retenir au penchant de sa ruine, et comme vous le craignez il passera au niveau de Palmyre, vous-même devez à un signe du zodiaque votre capture, et votre séjour dans les prisons révolutionnaires, comme la France lui doit le rôle de la mort qui pesa sur ses enfants, aux années que vous connaissez. Alors on s'occupait plus de zodiaquer que de prier Dieu, faites revenir cette fête de la grande Raison humaine, et après comme avant, le vide vous engloutira dans ses flancs. Quand on ouvre la boîte de Pandore, l'espérance reste aux mains qui ont versé les fléaux. Otez cette dernière ressource, et voyez-y plus clair dans la nuit des tempêtes.

Ce qui n'empêche pas le philosophe de préparer des discussions, il laisse à ses idées moitié doute, moitié méfiance, il semble hésiter, et comme par éclair, on le voit presque adorer Dieu, s'élever vers lui, frissonner devant ses grandeurs, plus souvent il hésite, et puis se décide à marcher, consulte, ne voit qu'objets insuffisants pour son compte, tout est matière, le jeu, les ressorts, les combinaisons donnent ou retirent les événements, ou les reproduisent plus tard, sans compter la loi du talion, qui se lève tard, ou à bonne heure, pour payer chacun selon ses œuvres non-seulement en l'autre monde, mais souvent dans celui-ci, comme l'atteste l'issue de chaque siècle. En le comparant à son début, Volney, qui a tant d'esprit, ne peut pas trouver la source de l'intelligence, aussi refuse-t-il à tous les êtres la moindre participation avec elle, et le fleuve qui arrose toutes choses de sa puissance et de sa vitalité, n'a pas une seule goutte pour lui de la lumineuse essence, aussi dans sa dernière dévotion on le voit fatiguer beaucoup, et ne pas comprendre pourquoi l'empire des anciens idolâtres a pu s'élever si haut, tandisque les enfants des Prophètes ne présentent plus que des provinces ruinées, des hordes vagabondes, et depuis que la science de Dieu est enseignée en Asie, Juifs, Musulmans, Chrétiens sont à peine des squelettes sur le sol qui nourrissait les géants, les inventeurs des arts, hommes célèbres qui laissaient après eux des merveilles à Babylone, à Ninive, qui n'existent plus, en Egypte qui avait tant appris pour se perdre avec les autres, à Jérusalem dont le temple n'a pas même de ruines.

Sans répondre à tant de lamentations, faut-il croire que les Musulmans ont manqué de puissance, eux qui subjuguèrent la Perse, les Tartares, une partie de l'Inde où les Romains n'avaient pas paru, l'Egypte, et de vastes provinces en Europe. Leurs armées eussent regardé en face les Assyriens, les Perses de Cyrus, l'indomptable audace du Grec républicain, le Russe et le Français de nos jours braveraient les phalanges de César, les légions de Pompée, et je ne crois pas, que pour avoir la science qui s'élève à Dieu et le saisit dans sa véritable existence, l'on devienne moins hardi qu'en le cherchant dans le crocodile ou le serpent de Kaldée, ou le bœuf Apis, serait-ce même le Jupiter *Stator*, qui, dans les idées religieuses des Romains, n'était autre que le Dieu suprême, *annuit et nutu tremefecit olympum.*

Il est plus facile d'assurer à M. Volney que les confidents du vrai Dieu n'avaient pas cru faire des rèves stériles, lorsqu'ils désignaient les revirements des anciens empires, qu'Isaïe avait vu la pulvérisation de Babylone, ainsi que de tant d'autres peuples qu'il vante, et que Daniel ne s'était pas trompé dans la succession des quatre grands empires, où celui des Romains était marqué à des caractères si distincts, et qui n'ont fini que depuis quatre siècles, à la prise de Constantinople par Mahomet II. La petite pierre du Prophète n'était pas une domination gouvernementale, puisqu'elle ne doit ni changer ni finir, et qu'elle va son train pour visiter toute la terre. Si de nos jours les Musulmans se sont affaissés, c'est qu'un colosse de puissance mondaine s'use invariablement par les laps des siècles. Les Idolâtres n'étaient ni plus traitables ni plus imposants que les sectateurs de religion révélée.

Que vais-je dire encore, mais il faut entendre le génie philosophique, sorte de fantôme couvé sous les cendres de Palmyre. Son habit grisâtre descend en robe traînante de la hauteur de trente mètres, sa tête énorme s'enveloppe de fumée, et parfois d'une flamme épaisse, il pousse ses regards sur tout l'univers, ses bras menacent le désert et les montagnes : de ses pieds terribles il renverse le peu de colonnes de marbre qui se tiennent encore debout. Le ciel, dit-il, Dieu si vous voulez, ne se mêle pas de vos affaires, pendant que les premiers enfants de la nature ont compris leurs intérêts, avec des lois sages, s'ils ont cultivé la terre, fondé des villes, arrosé les campagnes, le soleil, toujours laborieux, a inondé de ses lueurs et de son éclat les efforts des cultivateurs ; des architectes sont venus de temps à autre élever d'orgueilleux monuments, Dieu ne pulvérise jamais quoi que ce soit, et le ciel ne saurait être inconstant, c'est vous, hommes pieux, adorateurs de Dieu, qui êtes venus ensanglanter l'Asie, ammonceler les ruines et donner pour apanage à votre piété, le crime, le désordre et l'ignorance, la peur et la peste, la stérilité qui désole les plus riches contrées de l'univers.

A cette première explosion, Volney eut peur, croyons-le sur parole, un être aussi infernal que son génie, au milieu des tombeaux, jetant son ombre gigantesque, intercepte toute clarté, et laisse derrière les faibles rayons de la lune, dans une nuit, dans un silence, que troublent des cris étranges.

Le philosophe voulait sans doute répondre, ô génie! quand nous croyons en Dieu, voudriez-vous en faire une machine qui ne se remue pas. Votre ciel, votre soleil, nous ne comptons pas plus sur eux que sur les rivages de l'Océan, que sur les montagnes qui s'appauvrissent d'elles-mêmes, que sur les fleuves qui souvent s'égarent et se perdent, que sur les saisons qui varient sans cesse, peut-être ces terres, si florissantes autrefois, ne peuvent plus même avec l'effort des anciens temps arriver aux anciens résultats, tout s'use en ce monde, même les générations décroissent. Lorsque les fidèles, (ceux qui croient en Dieu) sont venus fondre sur vos peuples tant vantés, ceux-ci n'étaient pas les mêmes qu'autrefois, la terre n'a pas perdu grand chose en changeant de maître, les vaincus ont toujours tort, souvent ils méritent de l'avoir. Quand vous aurez donné votre entendement, votre sagesse, vos lois expérimentales, croyez-vous que vous nous donnerez plus, que nous n'accordons à Dieu, en sagesse, en entendement, en puissance, en miséricorde, et si nous laissons la plénitude de la science, de la force, de la générosité, que nous supposons dans l'Etre-Suprême, comment traiterons-nous votre invention, de s'abandonner à des raisonneurs semblables à nous, vous trouverez bientôt que la politique a fait des dieux, pourquoi ne ferait-elle pas des athées. L'on a moins de remords à égorger des bêtes que les hommes, moins de honte à voler des herbages que des bestiaux, moins à briser des pierres, que des êtres sensibles. Quand nous ne serions tous que de sottes machines, il n'en coûtera pas beaucoup à d'autres athées, pour se jetter à tout rompre sur des pièces d'une désorganisation si facile.

Génie, l'entendement que vous mettez à la place de Dieu, n'étanchera pas notre soif, ne saurait pourvoir à nos besoins. Avec Dieu et sous ses auspices, nous sommes souvent déraisonnables, sans lui nous le deviendrons davantage, le frein de la cupidité nous importune, l'abandon de nous-mêmes nous terrasse, nous désespère. Personne ne veut essayer le pressoir de l athéisme, pas même Voltaire, et si quelques gouvernements ont affiché l'impiété, et les proscriptions, et la mort, ils ont eu peur d'eux-mêmes, se sont écroulés les uns sur les autres. Dieu, dites-vous, qui peuple l'air d'oiseaux, la terre de reptiles, ne demande pas la dévastation pour hommage, et l'incendie pour sacrifice, ce Dieu toutes fois un peu musulman, recommande la fraternité entre fidèles, il a encore des égards pour ses semblables, où l'athéisme prendra-t-il ses devoirs? Verrez-vous croître l'amour chez les morts qui ne sont plus, et chez les vivants que vous condamnez à n'être jamais qu'une feuille passagère? Vous plaignez tant d'idolâtres écrasés sous le croissant, qu'étaient-ils à vos yeux que d'insignifiants produits du zodiaque? Mahomet leur fait plus d'honneur, il les met dans l'enfer. L'enfer est le dernier terme de la miséricorde de son Dieu.

Le génie fantôme réclame la justice et les lois, mais où a-t-il la sanction, dans l'intérêt général peut-être, mise en balance, cette considération, avec la valeur personnelle, qui l'emportera? Le droit naturel veut qu'on se préfère aux autres, et qu'on ne puisse jamais faire abstraction de soi-même, autrement ce serait une folie, un manque d'entendement aux endroits difficiles, chacun dira aux autres: passez dans sa famille, et choisissez ailleurs, si vous n'avez pas le temps, tant-pis, point d'argent, point de suisses. Excitez, c'est ce que je veux, vous en convenez; le reste m'est étranger. Je défie toute morale d'ordonner des sacrifices avec la doctrine du néant et de la mort. Le relai de se substituer les uns aux autres va fort loin. Mazarin donnait un sol à un pauvre qui se récrie sur l'exiguité de l'aumône. Passe chez tout le monde, dit le ministre. A quatre liards par tête, tu seras plus riche que moi.

Certaine philosophie veut suivre les penchants de la nature, comme suite de notre constitution, que fera-t-elle, quand ils vont disparaître; l'idéal du bonheur varie autant que le tempérament, et tous les hommes ont des inclinations égoïstes et perverses. L'homme depuis la bascule du péché originel, n'est pas une œuvre achevée, c'est plutôt une ébauche susceptible d'amélioration, où il faut que Dieu intervienne comme réparateur. Que peuvent d'autres agents qui ont besoin à leur tour d'être perfectionnés, qui peuvent être ou trompés ou trompeurs? Il n'y a rien d'assuré, si ce n'est Dieu par la sanction de Jésus-Christ. Partout ailleurs, science, entendement, intérêt philosophique ce sont des mots jetés en l'air.

Dans l'origine, ajoute le fantôme, l'homme formé nu de corps et d'esprit, est jeté au hasard, sur la terre confuse et sauvage, Lucrèce disait : » *terra cibum pueris, vestem vaper,*

herba cubile præbebat multa et mali languine abundans. »
C'est toujours la même histoire. Et l'homme nu de corps et d'esprit était-il fantôme? Il ne vit pas à ses côtés des êtres descendus des cieux, semblables aux autres animaux, il erra au fond des forêts, pourquoi une telle origine ne revient-elle jamais? pourquoi faut-il aux hommes pour exister une condition de famille? Vous avez de la peine à trouver un animal sans germe, sans cause primordiale, et vous formez des hommes, courez donc après ceux qui naissent tout seul, c'est une part comme une autre, nous sommes en possession de Dieu et de famille, vous qui n'y croyez pas, voyagez et emparez-vous hors cette sphère de ceux que vous rencontrerez, n'allez pas maudire nos traditions, puisque vous espérez en une nature féconde, une fois, qui assurément reprendra la force de l'enfantement; que si vous n'y comptez plus, alors pliez bagage et vous retirez à quoi bon s'entêter de systèmes vaporeux, parce que les autres vous déplaisent; à l'œuvre, il faut surpasser ses adversaires ou s'avouer vaincu. La nature a beau se panader dans la force de ses éléments insensibles, dans la lumière de votre zodiaque, dans la magnificence de ses étoiles, dans ces phénomènes et ses tempêtes, tout-à-coup elle s'arrête devant de petits avortons de passage, qui ne laissent pas de vouloir tout comprendre, et qui, en somme, sont les seuls qui puissent jouir de l'univers, et en faire un partage de propriétés, jetées sur un point de l'étendue; avec l'ignorance et la cupidité, ils ne peuvent durer long-temps. Qu'ont-ils à démêler avec une nature aveugle, qui n'a pas la vie ni leur langage, et n'a pu le leur donner. Nos passions même lui sont étrangères, quelqu'un a-t-il pensé sérieusement que les Pyrénées préféraient les Espagnols aux Français, ou que le Gange refuse ses eaux aux Tartares et aux Russes. Les seuls hommes que la matière puisse faire, ce sont des formes de clochers, ou des cristaux modifiés selon le temps, et l'action lente des minéraux. La végétation elle-même eut besoin d'être semée. Germe ou graine il en faut partout.

Après l'embarras des premiers jours, Volney pérore pour des lois de convention, conformes à la nature, tout le monde peut en dire autant, et les religions nous donnent à entendre qu'elles sont de cet avis; c'est au détail seulement que la mesure échappe.

Que les sauvages soient tous ou à peu près de la même constitution, c'est remarquable sans doute; la nécessité qu'Horace dépeint avec une main de fer et des clous d'airain, se fait plus sentir chez eux, que les quelques gouttes de lait d'une mère suffisent dans l'état sauvage, et le besoin de marcher, de grandir, de courir, ou de succomber, se développe, aux différents états de la coutume et de la nécessité. L'aliment des sauvages ne laisse pas d'avoir des rapports avec celui des pauvres, ou des soldats qui bivouaquent en pays étrangers. Les rats, les plantes, toutes sortes de poissons, assouvissent la faim de l'homme. Accordons que les lois sont un puissant mobile d'agrandissement ainsi que le commerce, et qu'on fait bien de confondre celles dont l'exigence est outrée; le nœud gordien se coupe et ne se délie pas. Les plus habiles s'égarent au tempérament des lois, comme les médecins aux crises de leurs malades. Ajoutez la science, vous ajoutez le travail. S'il est imprudent au sauvage de changer de famille, il est bien plus difficile au civilisé de se rendre sauvage.

Les grands états ne doivent pas à leurs lois la prospérité de leur force et de leur agrandissement, je ne veux pas dire que c'est au contraire. Je vous montre seulement la sage Egypte, ce peuple tant vanté, sauf Sésostris dont la domination fut peu durable. L'Egypte, toute légale qu'elle était, ne fut jamais qu'un petit royaume. Les Perses, les Mèdes conquérants n'étaient pas mieux légalisés que les Babyloniens avec les jardins en terrasses, l'une des merveilles du monde. Est-ce que les Cimbres, les Gaulois, les Teutons, les Ostrogoths avaient de meilleures lois que les Romains, qu'ils dévalisaient. Ne vous méfiez pas d'un peuple à haute civilisation, craignez plutôt les Tartares. L'Egyptien, dans son lac Mœris et ses Pyramides, n'était pas l'Egyptien qui enseignait la Grèce et l'Asie, et le Romain dans ses travaux indomptables, était encore sauvage, quand il les faisait. César à Pharsale battit Pompée avec des soldats les plus allobroges; au moyen-âge nous bâtissions des châteaux monstres et des cathédrales, aujourd'hui nous faisons des badigeonages: nos lois valent pourtant mieux.

Et la superstition aggrave les malheurs des nations. C'est après avoir renversé les plus grands peuples par d'autres plus sauvages et moins éclairés, qu'on arrive à la superstition en train ordinaire. Plus l'on est ignorant plus l'on est superstitieux. Ce n'est donc pas le mélange des nations, qui offre le plus à l'erreur religieuse. Chaque fois que les torrents dévastateurs et conquérants se précipitent, il y a plutôt superstition dans le mobile des agresseurs. L'on a pourtant vu des Français, assez peu préoccupés en faveur des matières religieuses, renverser et subjuguer l'Europe, c'est presque un fait exceptionnel et peu durable ; d'abord il y eut entraînement de la liberté, et puis supériorité de talents militaires.

Epris d'un monde imaginaire, l'homme méprisa celui de la nature ; pour des espérances chimériques, il négligea la réalité.

Il n'est que trop certain que plus une religion est fantasque, bizarre, locale, tyrannique, plus ses adeptes se montrent scrupuleux, asservis, imperturbables dans leur croyance. Plus une religion est vraie, raisonnable, patiente, plus elle laisse de latitude à l'examen, et moins elle craint ses adversaires, plus aussi elle a de réfractaires. La seule religion qui puisse se maintenir sur le terrain des controverses, est toujours la plus attaquée, et l'on saccade toutes les autres pour en venir à bout. Il est présumable que s'il n'y avait pas de religion vraie, personne ne s'élèverait contre les autres. Car les savants, les philosophes, encore que dans tous les temps l'on parle d'eux, dans tous les temps aussi ils ont cru voir l'impossibilité de la réforme dans les religions populaires, ils ont cru que leurs idées ne pouvaient être substituées aux croyances, ils condamnaient leurs dogmes les plus sérieux, tels que la perfection de Dieu, la justice, la rénumération intelligente, à rester dans l'école respective, où la science pouvait la maintenir. Voyez le lycée, le portique, sous le patronnage de Socrate et de Platon, voyez le dialogue que l'on présente aux livres d'Homère, pour servir de clef à la mythologie, voyez dans les temps fabuleux certains oracles, qui n'avouaient qu'aux initiés le secret de leur doctrine. Epicure en idolâtrant ses plaisirs ne poussait pas à l'athéisme, du moins il y a quelque louche ; si ce n'est à Rome, il est douteux dans les temps anciens, de trouver des athées systématiques. Y en aurait-il? l'esprit de contradiction est un appât aussi remarquable qu'un autre. Erostrate aurait brûlé le monde pour faire parler de lui.

Quand au monde imaginaire, c'est la permanence de celui qui existe, avec une classification des êtres plus convenables. L'on continue l'existence au point intellectuel, pouvez-vous la saisir, arrêter son cours, vous qui ne comprenez pas ses attributs? L'action de l'esprit est indéfinissable, qu'importe pour sa prolongation l'absence des organes liés avec eux, ne peut-il pas en être séparé, et continuer ses principales attributions, vouloir connaitre, sentir, un tel monde vaut bien la peine qu'on se l'imagine, et de votre aveu vous n'avez pas sujet de rire à la face de ceux qui se seraient trompés. Une réalité qu'on néglige, et laquelle? Les croyants sont-ils moins réels que les autres? dites qu'ils sont plus ambitieux, c'est une nécessité dans les lacunes de ce monde; l'on veut ailleurs ce qu'on n'a pas chez soi. Aucune réalité sans compensation n'est abolie par la foi, et le monde imaginaire est une fortune désirable qui existe du moment qu'on en a besoin, qu'on le désire.

Passons maintenant à la guerre des Russes et des Turcs. Volney trouve le bon Dieu fort embarrassé quand il regarde la prière des mosquées et celle des églises russes. Toutes ces prières lui arrivent empressées, turbulentes, convaincues, la justice dans une main, la confiance dans l'autre, la voix comme celle des martyrs. *Allah* père, c'est à cette heure, disent les Turcs, tes martyrs, les croyants de ton prophète, sont mis à bout par les c. de chrétiens, extermine ces infidèles, relève le croissant. Tu lui commandes de parcourir le monde.

Les Russes, au contraire, » Dieu des armées pardonne
» aux peuples que tu as régénérés, souvieus-toi de l'alliance,
» que tu as faite avec nous, souviens-toi de l'autel sublime,
» où ton Fils, fait Homme, a déchiré l'arrêt fatal que tu a-
» vais lancé contre nous; ton Fils, l'éternelle splendeur de ta
» gloire, nous a tous empourpré de son sang. Les infidèles
» veulent exterminer tes enfants, prolonger l'incendie sur nos
» terres, repousses leur fureur, mets un frein à leur audace.»

Dans les champs de la Crimée les Russes roulèrent les Turcs, et tirèrent Dieu de l'embarras où le philosophe l'avait placé.

C'était raisonnable sans doute, mais le fantôme s'indigne de telles prières, il suppose que les adorateurs avilissent l'Etre suprême, il ne supporte pas que l'on s'adresse au Régulateur suprême; vous n'êtes pas, dit-il, à l'image de Dieu, vous faites Dieu à la vôtre.

Sans la prière pas de religion, ce fantôme était donc athée. Dieu, continue-t-il, est immuable et vous le faites changeant; il est incompréhensible et vous l'interprétez : Dieu est immuable pour ne cesser jamais d'être parfait, mais est-il d'un tel engourdissement, qu'il n'entend et ne voit rien? Nous l'interprétons. Le génie est aussi à plaindre que uous, quand il faut interpréter la cause des choses; il peut avoir le désir, mais la force lui manque.

Felix qui potuit rerum cognoscere causas. Des imposteurs se sont dits confidents de Dieu, c'est possible; ici l'espèce vaut mieux que le genre, il peut y en avoir de toutes sortes. N'avons-nous pas des poisons et des antidotes?

Et puis le Juif, l'Indien, le Persan, le Chrétien, tantôt avec le feu, avec l'eau, avec la fiante dé vache, exténués, ou languissants de faim, honorent l'Etre suprême qui dirige la marche des astres et des soleils tourbillonants dans l'espace.

Si Dieu n'a qu'à s'occuper de ces mondes physiques, il a le temps de se reposer, depuis qu'ils connaissent leur route. Dieu est-il si philosophe qu'il prétére des statues à des images vivantes? est-il si sérieux dans la magnificence de ses océans et de ses soleils tumultueux, qu'il ne veuille s'occuper justement de ceux qui s'occupent de lui? Où est le besoin que l'on a de Dieu, est-il chez les hommes, ou dans le zodiaque du ciel, ou dans celui Vendeta. Dieu est esprit, et c'est en esprit, et c'est en vérité qu'il faut s'assurer de lui. Nos hommages ne sont pas pour l'agrandir, mais bien pour nous rendre meilleurs.

Que les hommes épars sur le sol suivent les mœurs et les usages qui se voient naître et mourir, qu'ils les différencient d'humeurs, de tempérament et d'aptitude, qu'ils se disputent dans la confusion des oui et des non, qu'ils se haïssent ou se soutiennent, c'est un état d'habitude et d'éducation, mais ils sont seuls au milieu de l'univers pour se tourmenter, pour sentir que leur appanage ne suffit pas à leurs besoins, le soleil est nul pour s'occuper d'eux, il bâtit son adorateur et celui qui ne l'est pas, il éclaire sans rien connaître. L'innocent et la victime sont égaux devant lui, qui voudra l'employer comme arbitre.

Chez l'homme seulement le bizarre assemblage de volontés contradictoires, de jugements opposés, de maximes différentes, de rôles multipliés, où les uns sous le nom de vertus, les autres sous le poids de dénominations détestables, ne laissent pas de guerroyer. Depuis le berceau jusqu'à la tombe, trouve-t-on ailleurs un pareil désordre?

C'est par nécessité, pour préparer la mort, et nous suivre dans nos curieuses destinées, que l'atmosphère, au commencement si généreuse, est devenue rebelle et foudroyante. C'est pour être asservies à vivre sur la terre maudite, que les bêtes imitent la férocité et suivent l'ardeur qui verse le sang. Les plus furibonds entre les animaux sont rares, et ne conviennent qu'à certains climats. Les hommes implantés, n'importe les lieux, laissent partout leurs incertitudes, leur espoir, leur caractère diversifié d'un individu à l'autre, curieux, intéressés, partiaux, souvent insupportables les uns aux autres : il y a donc ici une preuve évidente du besoin où l'on est, qu'un monde réparateur suive après celui-ci, il est donc certain que cette confusion, ce cahos demande une justification éclatante, et que des êtres qui n'ont pas pu trouver leur place dans une première carrière, en obtiennent une autre. L'homme sera-t-il le seul entre tous à poursuivre des chimères, si vous voulez, et à manquer d'une destinée convenable?

Qnand nous serions tous athées, ce qui est impossible, avec notre nature et notre éducation; quand l'usage de fraterniser avec les bêtes serait une doctrine à la mode, nos maladies cesseraient-elles; l'activité de l'esprit va sans cesse aux embarras de la science, à moins de perdre le langage, de former un isolement complet dans la sauvagerie, il est impossible d'imposer silence aux religions.

Que les abus gouvernementaux soient une plaie féconde en ruines, qu'ils avilissent et dégradent les nations, qu'ils préparent à la longue le renversement des trônes, et produisent des catastrophes, qu'ils occasionnent guerres, épidémies, massacres, exils, proscriptions, ce n'est pas le fait des religions, les tyrans sont les seuls qui, par intérêt, convoitent l'athéisme. Les croyants ont toujours des devoirs sérieux à remplir et un compte à rendre à Dieu.

Le génie fantôme fait une tirade superbe pour prouver que, depuis trois cents ans, les peuples se sont affranchis, les gouvernements plus traitables, la science plus répandue, les religions abaissées. L'étude des lois naturelles va progressant et s'occupe de donner aux hommes sagesse et bien-être. Il bouleverse les tyrans, couvre d'auréole de gloire la liberté, et du côté de l'occident entend les cris d'un grand peuple qui brise ses fers, veut se gouverner lui-même, et qui, par méprise, avait jeté Volney dans les cachots.

Comment le génie croit-il qu'en assujétissant l'homme au matérialisme il obtiendra ce qu'on n'a pu s'assurer avec les religions? Le désintéressement, la génersoité ne sont-elles pas des vertus pratiques pour s'entr'aider? Allez dire à un athée qui n'a de jouissances qu'au jour le jour, que de s'en dépouiller pour les autres, c'est le bouleverser tout entier et l'offrir en holocauste. Selon la nature et l'appréhension de notre esprit, les contrats synallegmatiques sont bons, à condition de retour, *do ut des*, *facio ut facias*, ou dans ce monde ou dans l'autre, toute espèce d'intérêt philosophique est au premier occupant qui ne peut s'en dessaisir. Lui ordonner des sacrifices pour les autres, si le ciel ne s'en mêle pas, c'est la recette des dupes et des ingrats; vous ne pouvez ni ne devez aller loin sur cette route.

Cherchez aussi un optimisme qui se déroule en des esprits ardents et philantropiques, en face de nos infirmités. Aspirer à un régime libéral qui ne laisse rien à craindre ni à désirer, c'est une utopie à peu près introuvable. Sans doute il faut le plus de liberté possible, mais la perfection n'est pas de ce monde. Y eut-il jamais un gouvernement civil, aussi merveilleux que celui des anciens Egyptiens? combien dura-t-il de temps? L'histoire n'est pas précise à ce sujet.

Leurs lois, dit Bossuet, étaient simples et pleines d'équité, propres à unir les Egyptiens entr'eux. Celui qui pouvant sauver un homme attaqué ne le faisait pas, était puni. Les Egyptiens étaient à la garde des uns des autres, il n'était pas permis d'être inutile à l'état; l'occupation la plus commune était l'étude des lois, de la sagesse, de la religion et de la police du pays; l'ignorance n'était excusée en aucun état... Aussitôt qu'un homme était mort on l'emmenait en jugement. L'accusateur public était écouté, s'il trouvait la conduite du mort mauvaise on en condamnait la mémoire; s'il était digne de louange, on l'ensevelissait honorablement. Le premier de tous les peuples où l'on voit des bibliothèques est celui d'Égypte, etc.

L'article est trop long pour être reproduit en entier, voyez seulement si l'on peut mieux faire. Ce qui n'empêchait pas que le plus grand nombre des citoyens étaient condamnés aux angoisses du travail, de la douleur, de la pauvreté, des privations, souffrances morales, maladies, deuil, pertes, abandon et le reste qui demande en réparation une autre existence et un sort que Dieu doit à ses promesses et à notre condition.

Le fantôme de Volney ne se contente pas de discourir seul avec son voyageur assis sur les ruines de Palmyre. Ce n'est pas un seul homme qu'il veut endoctriner, il appelle les hommes des quatre points de l'univers. Il donne à chacun le signalement respectif, sa science lui permet de prendre les races d'hommes dispersés sur le sol, et l'on voit avec leur configuration de noir, de blanc, de basané, de marqué au front, au nez, aux pieds, aux habits ; depuis le Japon jusqu'à Rome, mille peuples divers sommés de se rendre aux vœux du fantôme, pour rendre compte de leur religion taxée d'absurde, dérisoire, fantasque, inutile, erronée, impitoyable. Tout sentiment religieux est une bêtise impardonnable ; une digue lancée par d'énormes montagnes, courant obstruer le passage d'une belle rivière, ne serait pas plus sûre de son fait. Vous êtes tous appelés enfants des hommes, depuis le Samoïède à odeur forte jusqu'au Français au chapeau pointu.

Alors un jurisconsulte, érigé en novateur, montre le ciel stupide du zodiaque, la terre paresseuse qui nourrit ses habitants, la nature qui rend les hommes égaux, et pour foudroyer les cultes, un cri solennel retentit au loin, quel mortel peut refuser à son semblable ce que lui accordent les éléments. Il est fâcheux que la nature et les éléments soient plus injustes que ne sauraient le devenir toutes les religions. J'ose même dire toutes les législations. Si les tyrans sèment la désolation et la mort, la proscription et les famines, si les religions disputent des articles pénitentiaux et jeuneurs, la nature retire la vie presque aussitôt qu'elle la donne, elle fait plus de disparates parmi les hommes, que leurs conventions n'en produisent. Des quatre âges de l'existence, que peut l'enfance et ses vagissements, l'adolescence et ses rêves, l'âge mûr et ses préoccupations, la vieillesse et ses infirmités. Dans tous ces échelons, que d'incapacités, que d'accidents, que d'avortements, que de folies, résultats de la nature, même dans les viabilités de l'état social, centralisé en un but uniforme, replié sur lui-même, pour offrir à tous la même part. Les climats et les individus vont repousser cette méthode, et diversifier la forme du travail et de l'existence. On sait que les hommes ont le même goût, au moral et au religieux, de l'avenir ; que les athées le sentent comme les autres, et que c'est en désespoir de cause de se l'assurer, qu'ils se combattent ; mais imaginer que la nature présente suffise à nos besoins, et fermer notre destinée temporaire dans la prison du physique, c'est ce qui peut abétir et désoler toutes les intelligences. Nos rêves, sans parler de nos conjectures, nous promènent plus loin, il nous est impossible d'approuver notre sort ; et quelque brillante hypothèse qui nous berce ici-bas, elle ne peut que nous faire désirer davantage. Desservis par la nature, la moitié des hommes n'ont que des outrages à lui adresser ; l'autre moitié, reconnaissant son insuffisance, ne cesse de se rapprocher de l'idéal d'un autre monde.

Aux systèmes religieux, l'on ne cesse de reprocher le pour et le contre. Vous partez tous du même point, disent nos adversaires ; vous existez les uns dans les autres : c'est une même fabrique allongée, raccourcie, épurée, diffuse ; une contrainte par corps vous fait aligner en sens oblique ou direct. D'autres fois, en matière religieuse, vous n'avez pas l'ombre de la ressemblance : vous vous culbutez les uns les autres, pas possible de vous mettre d'accord ; ce champ de bataille est celui où le fantôme triomphe.

Les répulsions de la nature nous forcent tous à chercher réparation à ses outrages, et toutes les religions sont d'accord à ce sujet. L'ignorance et l'intérêt ont produit un multiple de formules dissidentes ; il n'est plus question que de choisir la meilleure, pour se rapprocher du vrai. Au lieu de résoudre ainsi le problème, le philosophe préfère déblatérer contre toutes et leur creuser la même tombe. Est-ce guérir son malade? c'est le tuer. Avec de semblables médecins, la chance est toujours la même ; ce n'est pas la mort qu'on cherche, c'est la vie ; vous ne pouvez pas la donner, abstenez-vous ; l'espérance n'ira pas s'étouffer dans vos mains.

Volney reproche au musulman son origine mahométane du 7me siècle, sa confiance en un prophète qui marchande avec la tactique de l'ambition et de l'ignorance, la facilité de lacher les rênes aux riches, son fait d'exterminer et de réduire par la force ceux qui s'opposent au Coran. Un mélange de science judaïque et chrétienne défigure la fantasmagorie des anges, les divisions d'Ali et d'Omar, principaux rédacteurs de l'islamisme.

Le chrétien se rencontre avec la même appréciation, au sujet de Dieu ; s'égare et se perd avec le premier homme ; puis les attributs de l'Etre suprême, unis et divisés en trois personnes, arrivent en un tout idendique, et l'Etre, qui remplit l'univers, occupe le corps d'un homme, ce qui ne convient pas au raisonneur de Palmyre.

Le juif intervient au mécanisme des reproches ; celui-ci n'est pas nouveau, mais il abhorre et est abhorré, n'a pas plus d'accord que les autres en sa doctrine ; son grand privilége est de se couper un morceau de chair et de ne pas toucher à la viande des porcs.

Zooroaste paraît avec Aromaze et Arimane, puis il adore le feu, devient allégorique et se perd dans le renouvellement du monde.

L'indien présente ses figures monstrueuses, ses dieux hermaphrodites, ses hopitaux pour les souris, les serpents, les éperviers; sa fiente de vache, ses vichenons, ses chivens, finissent par faire bailler, sauf une dernière espèce de sauvages, qui ne croit à rien, et n'est pas moins éclairée du soleil.

Alors le fantôme s'adresse à la multitude des religionnaires rassemblés sur un vaste amphithéâtre, et distinct chacun par leurs oriflammes respectives, mystérieuses et toutes appuyées sur l'avenir.

A ce spectacle, que de réflexions pour un philosophe ! La première, n'en doutez pas, il faut que partout la nature soit bien ingrate pour ne pas suffire à l'homme, et qu'il soit obligé de se jeter dans les profondeurs de l'avenir, pour s'expliquer soi-même, et sur les étendards flottants. Les signes de la brutalité ne manquent pas, le plus grand nombre a écrit : » J'ordonne, crois, et ne raisonne pas, de gré ou de force » marche et paye. » Il est fâcheux que pas un seul ne dise à l'homme, tout est gratuit chez moi, je n'ai pas besoin de ce qui t'appartient, je donne toujours et ne reçois jamais. Un seul cependant se montre à cette hauteur : de tant d'actes de miséricorde, sortis de la bouche de Jésus-Christ, jamais on ne voit d'articles pénitentiaux ; faire pénitence, chez lui, est plutôt renaître, revenir du mal au bien, changer de vouloir, entrer dans son esprit ; alors l'œuvre, par force morale, s'accorde avec la droiture, avec l'amour, avec la confiance ; l'on est enfant de famille, pour prier et jouir des biens communs, et s'entr'aider comme frères. Ici, l'on sent plutôt le père que le maître, et l'esprit de famille que celui de la domination.

Le philosophe eut donc tort de se scandaliser à la face de ces régiments bigarrés, qui tous veulent être sains aux dépens des autres. Il fallait chercher si, parmi tant de poisons, l'on ne trouverait pas une plante salutaire, inoffensive, convenable à tous, et d'une odeur toujours agréable et féconde. Aux pays les plus malheureux pour la destruction, n'y a-t-il pas un seul aliment très-approprié à nos besoins, et tout est-il féroce et homicide? Non, sur la terre sont mélangés le bien et le mal ; et près des tombeaux sort le sentiment de l'espérance plutôt que celui du désespoir, si l'on écoute la grande sentinelle qui est morte et ressuscitée pour éclairer l'avenir. C'était justice de démêler dans la foule des systèmes celui qui, le premier jour, parle pour tous les temps, et se soutient au-dessus des fantasmagories étranges, qui semblent n'être si bizarres que pour rendre plus d'hommages à la vérité. Il ne s'est pas passé un jour où la religion d'Abraham ne fut pas plus sérieuse et plus forte, au-dessus de tout parallèle, et où, de proche en proche, on ne puisse en avoir l'idée. L'action du commerce ou des traditions, quand les hommes étaient plus rares, a pu répandre et indiquer le culte qui se tient à une grande distance de tous les autres. Quand à l'Amérique, on sait pas le moment de l'occupation, à la suite des premiers naufrages, et l'on n'y a rien trouvé qui diffère des combinaisons religieuses suivies dans l'ancien continent.

Quand aux miracles, que l'on trouve insuffisants, il y a mauvaise foi : il fallait dire que les garants, ou motifs de crédibilité ne conviennent pas, et le prouver ; autrement le juif est tout enseveli dans les miracles. Abraham, Isaac et Jacob en sont tous investis ; Joseph, chez Pharaon, les trouve depuis les prisons jusqu'à la tombe. En ces temps, il y eut toujours succession plus ou moins apparente chez les prophètes. Quand vous tarderiez trois ou quatre siècles, pour arriver à Moïse, celui-ci en manque-t-il? Les juges sont tous accolés aux prodiges, de façon qu'il faut les admettre, ou traiter tous ces fastes de romans imaginaires. David, Salomon en sont pleins avec Nathan et les autres; en Israël, que vous font Elie, Elisée et leurs successeurs, près de la captivité ou dans ces périodes. Voulez-vous plus de bruit qu'en ont fait Isaïe et ses collègues Jérémie et Baruch, Ezéchiel et Daniel, et puis vous trouvez successivement les derniers prophètes, qui, par respect pour le Messie, qu'ils avaient à une distance assez rapprochée, semblent se recueillir pour entendre le plus grand son qui puisse faire écho sur la terre. Les Machabées, intermédiaires entre le Christ et les dernières voix prophétiques, sont tout aussi solennels que les temps les mieux partagés. Si c'est là manquer de miracles, ou se plaindre qu'ils ne durent pas, il n'y a qu'à les faire sortir tous les jours; eh bien, les voici :

Dans un sens, la Providence emporte l'idée continue de miracles; Dieu lui-même est le miracle par excellence. Les miracles peuvent se trouver dans un cours suivi et toujours subsistant des faveurs et de la protection de Dieu, ou de son droit de Maître suprême; c'est sous ces auspices que les fondateurs de religion ont tous recours aux miracles. L'usage, il est vrai, n'appelle miracle que l'action de Dieu quand il foudroie ou récompense d'une manière visible et supérieure à toutes les forces connues, comme pour Elie commandant au feu du ciel, qui, à sa voix, en présence de tout un peuple, enflamme son holocauste et laisse Baal à toute son insuffisance; mais, hors ces sorties solennelles de la voix de Dieu, il y a son assistance pour chacun de nous, qui, bien étudiée, se révèle en consolation et puissance, plus souvent dans les revers qu'aux temps monotones d'une condition supportable et facile.

Aux ruines de Palmyre, ce n'est pas une fois qu'on invite les cultes à se fermer sous le seuil des tombeaux, l'intrépide Coran y est traité de visionnaire, d'impertinent, de fourbe, d'absurde avec ses doctrines partialles, ses anges, son cheval Baracque, ses jeûnes que le Samoiède ne peut pas observer, parce que le soleil ,chez lui, éclaire quatre mois l'horizon.

La Bible n'est guère plus respectée : la pomme qui damne Ève paraît indigeste ; Volney n'aime pas les allégories, elles abondent pourtant aux temps anciens ; la prétendue pomme qu'il repousse pourrait bien être allégorique. Caïn, fratricide, n'est pas puni comme son père. Ève alors a dû commettre un crime différent de la gourmandise, et son orgueil accepter un état de sensualisme et d'indépendance qui lui valut la mort. Les enfants ne partent pas depuis les iniquités personnelles de leurs parents, mais ils en sont atteints au moins dans la réputation et même la santé. Qu'une source soit corrompue, les filets d'eau, qui en jaillissent, peuvent toujours se sentir de l'altération des premières ondes. On ne sait pas ce que Dieu peut faire de la masse du genre humain, il a eu ses raisons de lui laisser parcourir la triste carrière à laquelle il est enchaîné, et puis le mal n'a pas été sans remède : le réparateur fut promis ; il n'est pas autre que Dieu même. S'il n'a pas eu honte de former l'homme, il ne doit pas avoir de dégoût pour s'approprier à lui-même, de la manière la plus intime, un corps et une âme qu'il fait exprès pour lui, quoiqu'il se serve des entrailles d'une fille également choisie pour cette œuvre. Dieu, alors qui se fait homme, ne dérange rien à une essence infinie, en ce sens qu'il devienne plus ou moins parfait ; mais il donne à la nature humaine une prérogative immense, qui fait plus que les assimiler aux anges, et, depuis, ces sublimes esprits fraternisent avec nous et refusent nos soumissions trop étendues, *conservus tuus sum, Deum adora*. Supposons qu'Adam n'eût pas péché et que la rédemption, dans une valeur infinie, n'eût pas lieu, la dissimilitude de l'ange à l'homme est toute à nos dépens. Dans un état de guerre, il y a des victoires et des défaites, des gains superbes et des pertes déplorables, *omnia contraria duplicia unum contra unum, non fecit quidquam deesse.*

Pourquoi les anges ont-ils péché ? C'est l'éternel problème qu'on ne saurait résoudre parfaitement ; mais il existe, ce problème, dans l'origine du mal ; il est contre Dieu, il est contre nous ; si le maître le laisse passer, les autres sont forcés d'en faire autant ; je ne vois de solution que dans l'attente des promesses qui nous sont faites. Cet évènement des êtres intelligents et libres, qui manquent aux conditions d'ordre où ils étaient appelés; cette interruption dans l'ensemble des choses oblige Dieu à détruire ou à réparer. Dieu ayant prévu la dégradation de ses œuvres, s'en sert pour d'autres fins qu'on n'aperçoit pas; ainsi, il fait plaisir aux mauvais anges de leur laisser un pouvoir pour la destruction. Enfin le mal est moins une création qu'une corruption; il vient de l'opposition d'un agent qui veut autrement que Dieu. Ce péché, cette opposition que l'on regarde comme néant est en plus : c'est une disposition inhérente à la volonté perverse ; elle efface de bonnes attributions pour se former de leur contraire, de sorte qu'il existe sinon dans un état complet, du moins dans des conditions qui ne viennent pas de Dieu ; il y a alors plus qu'absence du bien, c'est un mal subsistant à un tel point que l'être qui, pour le fonds est le même, n'est plus le même qu'autrefois dans toutes ses formes, et la forme n'est pas un néant, c'est un rôle que Dieu laisse jouer. Ce rôle a dû s'étendre aux objets physiques ou mixtes par la contagion qui envahit toute chose, et la malice au moral s'est représentée à l'extérieur; de sorte qu'encore que la mort soit ordonnée de Dieu, les moyens multiples que présente la nature dans la rage des bêtes, la pestilence des fléaux destructeurs, est un art exercé par le diable et par les hommes, les uns contre les autres. Le fonds et les formes sont à une telle dépendance réciproque que l'un se perd dans l'autre, sauf, sans doute, l'élément primitif qui n'est connu que de Dieu. Personne ne doute qu'il n'y ait bien des choses que nous ne pouvons comprendre; mais, à tout prix, l'on veut lever les ombres qui enveloppent les mystères, et alors on s'égare dans les ténèbres.

C'est par cette fausse route que Volney insulte à l'Eucharistie; métamorphose, dit-il, incarnation diurne, continue : Jésus-Christ homme, Dieu est mangé comme un aliment digestible. Bien entendu que nous ne pouvons pas suivre Jésus-Christ dans sa force et science, d'autant plus divine que lui, qui ne dit pas des bêtises par plaisir, voit où il en est quand il parle; et le rôle eucharistique est d'autant moins illusoire qu'il remplace ici les anciens sacrifices qui n'étaient que des ombres, et qu'il fallait à la nouvelle alliance une sanction permanente de Jésus-Christ en personne, que ne saurait remplacer la prédication. Sois toujours en face avec ton Dieu, si tu ne veux pas l'oublier et le méconnaître ; voilà le sens de l'Eucharistie. Si Jésus-Christ eût été vide de pouvoirs pour les temps de son absence, il n'eût pas déviné de se produire dans un état d'aliment, système admirable de son union avec nous. Il faut se souvenir de moi qui ne vous oublie jamais, voilà l'Eucharistie. Mais vous le digérez, où trouvez-vous cette digestion? Il y a des espèces; en tant qu'espèces, elles ne sont pas le corps de Jésus-Christ : l'espèce une fois altérée termine le sacrement. Qu'avez-vous à digérer ? Rien de matériel, tout est esprit et vie dans les paroles du Sauveur. Vous qui n'auriez pu deviner ce mystère, n'ajoutez ni ne retranchez à un sens complet et favorable à votre salut, tout est simple et facile avec Jésus-Christ : acceptez ses dons, sans vous trop préoccuper de la manière dont il les produit.

Comment et de quelle manière la présence réelle? C'est difficile pour nous, qui ne savons pas le principe de vitalité et de mouvement qui agit sur notre organisation; l'on suppose des esprits vitaux pour l'ébranlement, depuis le cerveau jusqu'au cœur, jusqu'aux moindres veines, fibres, artères, muscles, etc. Ce sont des fluides qui, sans doute, touchent de plus près à l'âme; mais si leur action est immense dans un petit corps, ne pouvez-vous pas supposer qu'elle s'agrandit en Jésus-Christ. Avec l'électricité, vous communiquez jusqu'au bout du monde : Jésus-Christ est-il moins physicien qu'à Paris ou à Londres. Je ne me charge pas de fixer la manière de sa présence réelle, même les systèmes de dédoublement, multicorporation, reproduction, sont défectueux. Mais je vois que l'Eucharistie est le digne testament d'un Dieu; c'est le repas du père de famille qui n'est complet qu'en présence du chef; c'est l'assurance de notre rédemption, le gage de notre immortalité, la victoire sur le néant et la mort. Jesus-Christ a promis sa présence à ceux qui le prient, *ubi sunt duo vel tres in nomine meo, ibi sum in medio eorum* ; qui voudra déterminer l'état de son action? L'intégrité de Jésus-Christ affecte principalement sa personne : celle-ci dépasse zodiaque, cieux, terre, mers, etc., et complète l'essence infinie, réalise l'ubiquité, caractère inséparable de Dieu, et toutefois infiniment miraculeux et incompréhensible.

Laplacette fait une objection au sujet de la présence réelle, qui me semble un double emploi d'idées. Les preuves physiques, dit-il, doivent l'emporter sur les morales, et si tous les rapports désignent un objet ordinaire, il n'y a rien au-delà. Que les preuves physiques agissent dans leur ressort, il n'y a rien qui s'y oppose, elles ne peuvent s'exercer que sur les formes, et ne sauraient empêcher le moral de déterminer autre chose : l'esprit prévenu n'a plus besoin de l'action des sens. Jésus-Christ, au physique, relève d'une autre condition que les corps ordinaires. D'ailleurs, quand tous les objets matériels se réuniraient, pour déposer au sujet d'une forme, ils n'empêcheraient pas qu'au moral on puisse reconnaître un évènement justifié par une sanction infaillible.

L'on peut bien s'attendre, dans les choses divines, que l'esprit contentieux ne s'arrête nulle part : au lieu de voir les liaisons qui enchaînent si bien les mystères entr'eux; au lieu de contempler ces miracles de doctrine, qui ne peuvent pas jaillir de la science humaine; au lieu de s'intéresser à l'admirable enchaînement, qui présente un complément parfait et digne de Dieu; au lieu de reluire sous la sagesse, la puissance et les miséricordes divines, qui nous rendent participants d'une vie infinie, l'on éparpille, l'on discute tantôt un point, puis un autre; l'on mélange, l'on confond les petites choses et les plus grandes, l'on arrive à juger de Dieu comme d'une éventualité tout à fait précaire. Ici-bas, l'homme a pour ancêtres son père et sa mère, donc il en faut autant pour Dieu : Dieu le père n'a pas de mère, quoiqu'il ait un fils et le Saint-Esprit.

Que vous êtes savants de demander la mère de Dieu ! de quelle manière comprenez-vous l'Être suprême ? Volney se fâche quand on le comprend mal, et vous, qui cherchez les œufs où Dieu doit s'éclore, pourquoi ne pas en référer aux oreilles d'un âne? cette bêtise vaudrait la demande. D'une maternité divine, que des hommes disputent quand ils ne s'entendent pas, c'est de tous les jours, sans cela ils s'ennuieraient; mais qu'on parle de Dieu, sans en avoir l'idée, c'est le cas de dire qui n'en peut. Mais, il faudrait pourtant comprendre ou se taire : dites, il n'y a pas de Dieu, vous voilà au fait de le remplacer; dites, l'idée de Dieu emporte cette éternité dont il est l'auteur, comme tant d'autres choses, demanderez-vous la mère de l'éternité, qui n'est autre chose que Dieu existant. Quand on dégoise on n'embarrasse pas, l'on se met dans l'impossibilité de s'entendre; ainsi, le défaut d'idées, par rapport à Dieu, est cause de ces sottes questions qui ne méritent pas qu'on s'en occupe.

Par rapport à la Trinité en un seul Dieu, l'on ne vous dit pas que la nature divine soit multiple, l'on vous dit dans un langage descendu du ciel que cette nature s'étend à trois personnes. Connaissez-vous assez Dieu pour vous en rapporter à vous-même, et vous préférer à celui qui se déclare Dieu lui-même? de vous à lui, la distance est incommensurable.

Voulez-vous en Dieu l'unité, la simplicité, l'indivisibilité? Eh bien! le Fils et le Saint-Esprit ne sont pas des éléments juxta posés pour embarrasser le Père; le Fils, par voie d'intelligence, est la représentation, le complément des perfections divines, la figure éternelle de la substance de Dieu, la splendeur de sa gloire, il occupe une génération continuelle et infinie: croyez-vous qu'un Dieu solitaire s'amuserait davantage? L'esprit procède par voie d'amour et achève l'union du Père et du Fils. Les trois Êtres qui nous occupent sont distincts et pas divisibles; leur distinction vient de leurs rapports; la même nature leur appartient également. Prouvez qu'une nature simple est incommunicable en des produits analogues à son essence.

Les attributs multiples, variés, ubiquistes, distincts, éternels, compromettent plus la simplicité de Dieu que ne peuvent le faire trois personnages existants l'un dans l'autre. L'idée la plus simple ne peut exister sans s'étendre à quelque rapport. Un Dieu en trois personnes ne dérange rien à ses perfections : c'est incompréhensible, direz-vous, et combien de fois êtes-vous obligé d'en faire l'aveu ?

Je ne touche ici que les reproches les plus sanglants faits au Christianisme; il faudra y revenir, ainsi que pour les juifs que le fantôme fait battre avec les chrétiens pour quelques allégories, et semondre par les mulsumans.

Zooraste interpellé veut passer pour le plus habile, élève ses prétentions à la plus haute antiquité, reproche à Moïse de ne pas connaître les esprits, et renvoie au besoin le Pentateuque à la rédaction de Josias ou d'Esdras.

Que la Bible s'aventure à préciser le commencement des mondes, l'histoire de l'homme et de ses malheurs, qu'elle ignore Dieu, les anges, le spiritualisme, comment voulez-vous qu'elle opère? Son cours de doctrine suit les phases des générations, et fait intervenir, à chaque âge, la puissance du maître d'où relèvent toutes choses. Ses ordres, ses menaces, son mépris pour ceux qui vivent ensevelis dans les sens, ses faveurs à ceux qui, séparés de la contagion, unissent leurs pensées dans l'espoir du Messie, dans la confiance religieuse d'un Dieu protecteur; est-ce là du matérialisme?

Josias, fabriquant le Pentateuque, est d'une dérision impardonnable. Les Samaritains, élevés et gouvernés par Moïse, ne s'en séparent pas dans leur division politique avec les Juifs. Quelques idôles, à d'An et à Bethel, ne sauraient fermer la bouche aux prophètes nombreux qui, comme des missionnaires, se répandent au milieu des tribus; ils ignoraient le spiritualisme, eux, dont les ancêtres avaient les anges pour conducteurs. Depuis le paradis terrestre, depuis Hénoch enlevé de ce monde, avec Noé, Abraham, Jacob, dans les pélérinages du désert et l'occupation de la terre promise, dans leurs guerres, leurs délivrances, leurs succès, leurs revers, que se fait-il sans l'intervention des anges? L'invocation des morts, blâmé quand au culte superstitieux, la pythonisse d'Endor, la réunion après la mort des patriarches à leurs prédécesseurs, que veut-on de plus approprié à l'existence des Esprits? Le commencement et la fin, dans les livres juifs, reconnaissent toujours Dieu, modérateur des événements, réparateur en leurs crises révolutionnaires, et les anges, bons ou mauvais, soumis à ses ordres. On dirait que la main qui ouvre la première semaine doit s'étendre visiblement sur tous les jours qu'elle réserve au progrès et à l'histoire du genre humain. Pour le Juif, on ne peut pas faire un pas sans trouver Dieu dans ce monde et dans l'autre.

Le reste des croyances indiennes, fatras de révélations judaïques et chrétiennes, philosophie à la mode de Platon, que reverraient les premiers siècles de l'ère chrétienne, toutes ces doctrines invoquent une antiquité éphémère, qu'ont-ils pour la garantir? L'invasion des Tartares, dans la Chine, fit changer la plupart de leurs religions. Sitôt qu'un culte n'est pas garanti, dès le premier jour jusqu'au dernier; du moment que ses preuves ne sont autres qu'une tradition perdue dans des emblèmes, ses histoires sans suite dans leurs annales, la science fait justice de cet amalgame qui inspire la pitié et le dégoût.

Prétendre que Jésus-Christ ait pris ses idées dans le tourbillonnement idolâtrique, c'est bien le cauchemar le plus indéfinissable. Indépendamment que la Bible trace sa carrière, ne vit que de sa science, ne travaille que pour le produire, le désigne à la vie, à la mort, à la résurrection, au jugement universel, avec des hommes tels qu'Isaïe, Jérémie, Daniel et autres; avec l'accent ineffaçable d'une croyance que garantissent autant la moralité des personnages que l'impossibilité d'être à cette hauteur, selon les forces humaines; faites parallèle des docteurs chinois et chrétiens, et puis choisissez; soyez libres et consciencieux. Sans appeler à tant de témoignages, Jésus-Christ a eu, lui seul, la propriété d'être Dieu et homme, juste et bienfaisant; sa carrière est remplie telle que lui seul pouvait l'ouvrir, la parcourir, la fermer et y introduire le nombre immense de disciples qui ne lui manqueront jamais. Cette œuvre ne s'est pas faite dans les ténèbres, il n'y a pas à tergiverser sur ses travaux et l'assurance donnée au rôle qu'il exécute; le monde présent touche à Jésus-Christ, le Juif ne s'en sépare pas plus que le Chrétien, et le Romain, converti après trois siècles de sueurs et de sang, laisse la croix implantée dans l'arène, où le Barbare vient prendre sa place. Cette religion ne s'installe pas comme on ferait un roman, elle a eu besoin de Dieu, et la force humaine qui appuie les autres cultes ne dure qu'un temps, fort long quelquefois. La véritable religion, seule, peut se passer du favoritisme des gouvernements. Disons de Jésus-Christ ce que Moïse disait de sa loi : elle n'est point éloignée ni placée au-dessus des nuages, de sorte que tu ne l'aies vu; ni au-delà des mers, pour t'effrayer par la longueur du voyage. Il est venu chez lui et chez vous; il n'y a d'oreille de fer qui ne l'ait entendu, ni de cœur humain qui n'ait pu soupirer après lui, *mandatum hoc non est supra te neque procul te Deut*, 30.

Nous laissons les chances de Volney, qu'on accuse d'athéisme, et qui reçoivent des offrandes pour prier Dieu;

c'est qu'on est bien pauvre en athéisme, et qu'avec de semblables misères l'on n'aboutit à rien.

Revenons au fantôme : cette fois il débite une masse de philosophie matérialiste et zodiacale des plus embrouillées. Avant d'entrer en ses appréciations, puisque nous sommes en fantasmagorie, je vais rétablir les débats des religionnaires; rien n'empêche de suivre le fantôme dans ses élans, et d'ajouter un dernier résultat à l'assemblée générale de tant de peuples qui expliquent leur doctrine.

Il serait fâcheux que les athées ne se présentassent pas en corporation scientifique, obligés de discuter à leur tour leur propre théorie. Le fantôme de Volney est, sans doute, une de ces vertus multiples qu'il appelle, en un endroit, pouvoir souverain et caché de l'univers, moteur de la nature, âme universelle, être incompréhensible.

L'on ne comprend pas, en effet, qu'un fantôme puisse assembler tous les instituteurs des peuples et leurs adhérents, les agoniser de sottises pour le plaisir du néant; il faut être un esprit infernal, même des plus grossiers; les autres se respectent davantage. Dans une certaine classe de lutins, les sortiléges s'emploient au détriment de la vertu, comme on le voit avec James et Mambré qui le disputaient à Moïse. Le fantôme de Volney était bien un lutin audacieux et pervers qui avait subjugué le philosophe.

Dans ce même temps, il se passe, en Enfer, un débat d'importance contre le diable Asmodée : on l'avait envoyé en certain pays, pour tenter, de désespoir, un philosophe athée, déjà vieux. Il y avait long-temps que l'Enfer attendait cette proie. Asmodée travaillait sans relâche à lui prouver le suicide comme le dernier trait du philosophisme courageux. Vous avez assez vécu, disait le tentateur, le néant c'est votre patrie; vous devez vous y rendre, au plutôt, pour donner exemple aux autres; c'est alors qu'ils jugeront sûrement de vos opinions d'athée. Vous voyez deux néants éternels : l'un avant vous, l'autre après. Vous n'avez pas pu comprendre votre existence; dans un sens, elle est équivoque; peut-être vous n'êtes rien du tout, tout est néant, finissez-en : le lac au bas de votre château, sans peine et avec insensibilité, vous servira de sépulture. L'athée était riche et regrettait de cesser de jouir. Comment, répondait Asmodée, vous ne sentez pas votre force d'athéisme; on dirait que vous avez peur, vous qui renvoyez paître toutes les religions; c'est un couronnement à votre philosophie que le suicide, il en survient une gloire; voulez-vous payer votre enterrement aux calotins?

L'athée, cassé de vieillesse, écoutait tout et promettait à ses discussions intérieures de faire lui-même les frais de ses obsèques. Un moment opportun de se noyer arrive; le diable redouble ses efforts, et le vieillard avait déjà pris le mouvement de chute qui le précipitait. Ses membres tremblotaient, ses regards épars n'avaient rien de fixe, le moral échauffé le poussait d'une sorte d'énergie, il ne fallait qu'un mot de plus; le diable cesse un instant et s'arrête pour rire, le vieillard, que ses troubles fascinaient, respire et remet la noyade à une autre fois.

Asmodée a beau le suivre, lui souffler encore hardiesse, résolution, athéisme, toutes sortes de preuves zodiacales, mille bizarreries en religion qu'il faut condamner par le suicide, son homme rentre au château, se distrait et soupe; son tombeau, dans le lac, peut attendre à un autre jour et lui aussi.

Par malheur, pour Asmodée, un de ses confrères, des plus endiablés en espionnage, s'est aperçu de l'aventure: il envisage lui-même, en l'absence de son camarade qui était appelé ailleurs, le vieillard athée; il soupçonne qu'on a manqué un bon coup, il part pour l'Enfer et dénonce le fait à l'assemblée des démons. Tous murmuraient contre Asmodée; il n'est question de rien moins que de le traduire au tribunal correctionnel. Lucifer était président; Satan, second juge, et Belzébuth, le troisième. Le ministère public fut confié à Arimane. Les ordres d'arrestation sont formulés, et les archers en nombre promettent de se saisir d'Asmodée et de le traduire devant ses juges.

Résolution prise, une demi-phalange d'Esprits infernaux se précipite sur la terre, à la poursuite du délinquant; il ne se doutait de rien, poursuivait son rôle de tentateur. Vous êtes, lui dit-on, assigné au tribunal de Lucifer: selon le code à outrance juré contre les hommes, la prévarication qui vous frappe est le ménagement connu, au sujet de l'athée, que vous aviez promis d'emmener au suicide. Asmodée répond, j'étais en voie d'ourdir une trame, dont le fil enlaçait plusieurs familles; la trahison principale était commise. Pour la cacher, j'ouvrais des assassinats; si je quitte ma batterie, le premier coupable peut être connu et, au résultat de son châtiment, les autres cesseront la complicité. Nous avons chacun un mode d'insinuation qu'on ne peut transmettre : nul autre que moi ne peut réussir.

C'est égal, répondent les alguazils de l'Enfer, il faut obéir. Pour le conduire comme prisonnier, ils s'étaient pourvus de certains fluides, qui agissent sur les esprits, et d'une boite enfermant le foie du poisson que l'ange Raphaël fit connaître à Tobie. Le pauvre Asmodée, enveloppé d'étreintes de charmes, est à moitié asphyxié, et sous le coup d'une condamnation puissante qui date de Dieu, lorsqu'il exile de son royaume les rebelles et les assujétit à une sorte de subordination. La phalange et le captif s'envolent au milieu des airs, parcourent comme un pays connu toute l'atmosphère qui nous environne, voient et reconnaissent dans les nuages plusieurs de leur milice, dont l'action s'étend sur les éléments d'un monde périssable; arrivent en peu de temps au milieu des constellations, dépasse le vide que nous croyons immense, et, au milieu des flots de lumière et des flammes étincelantes, laissent bientôt derrière eux le monde planétaire. Au-dessus de tous ces astres, autre espace magnifique, imposant, aux couleurs de l'arc-en-ciel, au silence de la majesté dans une étendue si grande que la pensée de l'homme aurait peine à la parcourir; ce second ciel règne comme spectateur tranquille du monde qui est au-dessous, et prépare, ou arrive, ou confronte au troisième ciel que Dieu s'est choisi pour être connu dans sa véritable splendeur.

Les diables au-dessus de nos zodiaques ne peuvent même pas parcourir le second espace qui les remplit de frissonnements; s'ils veulent parler à Dieu, ils le font à une distance respectueuse. Pour eux, une route est pratiquée du côté du midi, dans un intervalle hors l'enceinte du cadre qui forme notre pauvre univers, et toujours en se plongeant comme dans un gouffre. Ensuite ils rencontrent les avenues de l'Enfer, une lumière blâfarde les y conduit; un premier signe de détresse se fait sentir, la peur gagne involontairement tout ce qui arrive en ce lieu; c'est peu d'entendre et de voir des spectres, la frayeur semble en vouloir à l'existence et menacer du néant, le pire encore de tous les maux.

A peine sortis de cette épreuve, une seconde arrive : c'est le désespoir. Celui-ci assourdit les esprits, jette un malaise affreux, un dégoût indéfinissable, et semble travailler à ouvrir les abimes; il borne encore son espèce de domaine à des hiérogliphes étrangers qu'il trace d'une main lugubre, repousse l'attention et glace d'effroi.

Les diables se plongent encore dans la seule route qu'ils connaissent pour se rendre en Enfer ; un temps de quelques minutes les remet de leurs crises, lorsque la haine, avec un double visage et des paroles perfides, annonce son rôle : « Je suis ici, dit-elle; je n'ai jamais connu Dieu, et Dieu lui-même ne me connaît pas pour lui appartenir; mes sœurs : la vengeance et la malice. En un jour mixte, entre la liberté et l'erreur, entre l'essai d'une puissance acquise et l'indépendance de tout oser sous les feux de l'orgueil, naquit l'amour exclusif de soi-même, dont la soif s'étanche aux dépens des autres. Je suis le signe de cette guerre incessante et je domine ici. »

A ces mots, d'un coup de pied terrible la haine roule une porte d'une hauteur si puissante que les démons eux-mêmes n'osent la regarder. Ils s'introduisent a l'instant, et dans un labyrinthe inexplicable, où le cri de la détresse est partout, où se promènent en mille contours la lassitude, la soif, l'envie, la fureur, la frénésie, l'injustice, la laideur, la paresse, l'égoïsme, des flammes, mêlées de bitume et de soufre, s'échappent par intervalle d'un immense volcan qui sert de voûte à l'Enfer. Les heures monotones de l'éternité tombent, en forme de vague bruyante, dans un vaste bassin, dont elles s'élèvent à la cîme de leur dôme pour retomber encore. Il est remarquable que les plus mauvais esprits veulent être ensemble, d'autres sympathisent avec moins de dureté : le labyrinthe est pour tous les goûts. Un instinct forcé conduit chacun à sa place, ce qui n'empêche pas qu'on se récrie l'un contre l'autre, attribuant au tiers, au quart, la triste aventure d'habiter ce lieu. La fumée empêche souvent de se reconnaître, c'est un soulagement et une peine à la fois; l'on pense être meilleur que son voisin, et l'on regrette de ne pas tout connaître.

En laissant tous les esprits à leur destination spéciale, les prévôts d'Asmodée vont droit au fond du Tartare : là, sur une plate-forme, s'érige une sorte de monument, d'une couleur très-triste, d'une configuration bizarre ; de mauvaises allées autour de l'enclos ; une porte d'airain au-dessus soutient un mauvais zodiaque ; quelques meubles brûlants ou à travers flammes expliquent les conditions de l'Enfer ; une sorte de cachot qui sert de réunion aux diables pour leurs complots ; enfin une salle de justice, réservée à Lucifer et à ses juges habillés de noir, où s'introduisent les délinquants de leur juridiction ; des volumes, avec cette inscription : livres de mort ; on ne les ouvre qu'au préjudice des damnés et des justiciables de l'Enfer.

Asmodée présent, ses juges en séance, les archers, tous fiers de l'avoir emmené ; un huissier en costume, avec des cornes à la tête et une longue queue de serpent à ses pieds, ouvre l'audience, et, d'une voix glapissante, il dit : Honneur aux juges ! Dès l'instant, Arimane, la toge à la main, ouvre le discours :

« Illustres Esprits !

» Depuis le jour insidieux où, par milliers, les intelligences sublimes saluaient l'Eternel, le remerciaient de ses œuvres et des jouissances ineffables qui revenaient à leur dignité ; depuis le moment où nous fûmes appelés au conseil de Dieu, et que nous vîmes de loin la pensée de mettre près de nous des êtres qui ne sont que des hommes ; depuis que nous suppliâmes le fils de Dieu de changer de dessein, et de laisser comme salariés à nos ordres ceux dont il méditait l'existence ; depuis qu'il nous fut signifié de nous soumettre aux conditions de miséricorde qu'il formulait pour eux ; depuis, enfin, que, piqués contre Dieu, nous lançâmes, à sa face, le désaveu formel de nous associer à ses desseins, il a fallu une guerre à mort contre des singes qu'on osait approcher de notre hauteur. Lucifer, le premier, lève sa puissante parole, et le tiers des chefs-d'œuvre de Dieu entendit son cri de ralliement. Je ne m'étends pas davantage sur les chances de succès que, jeunes alors, nous pouvions nous promettre. Après le coup qui nous abattit, nul n'a cessé de travailler au dépérissement de nos rivaux. Vous savez, comme moi, ce que j'ai fait dans le paradis terrestre, comment nous sommes devenus maitres de la moitié du genre humain, qui a plus de rapport avec nous qu'avec leur créateur; ce n'est pas ici qu'on a besoin de développements prolixes, l'essentiel est guerre, toujours guerre contre tous les hommes.

Maintenant, Asmodée, dont nous avons loué jusqu'ici le zèle et les farouches succès, se trouve en défaut. Un athée lui appartenait déjà, par suite des impulsions qu'il est permis de lui suggérer, car si nous usions de notre force et qu'elle ne fut pas enchainée, l'espèce humaine, dès ce jour, serait à nos ordres. Qu'on reconnaisse à Asmodée la ruse, la finesse, la bonne fortune, je le veux ; mais comment a-t-il pu temporiser en un moment décisif? comment a-t-il pu laisser à un athée un peu de répit? Voilà une faute presque inouie dans nos annales et qui mérite un châtiment exemplaire.

Vous savez, nobles esprits, qu'après avoir semé la terre d'erreurs, de contradictions, d'homicides et de tous les forfaits dont nous nous énorgueillisons, il y a cent ans à peu près, alors nous obtînmes de l'Eternel le pouvoir d'infiltrer l'athéïsme, en supprimant d'autres manœuvres de superstition. Nous avons fait sur ce champ de bataille de nombreuses recrues, nous avons déterré des figures en bronze, en pierre, en brique, en différents métaux, avec des zodiaques, qui n'étaient quelquefois qu'un caprice de faire autrement que l'usage. Ces tours de physique imposaient à l'imagination éventée, et figuraient le monde dans une antiquité où la Bible ne pouvait atteindre. Nous renoncions, il est vrai, sauf à les reprendre plus tard, à nos arts de sortilége, comme Dieu consentait à ne plus répandre autant de miracles pour la confiance des croyants. C'est ainsi que nous suivons le cours des siècles, et à nos ordres tantôt la superstition, tantôt la politique, et puis les révolutions nous aident à tourmenter le Christ et ses adhérents. Malgré la force de Golgotha, si le Christ revenait encore, nous lui trouverions assez d'ennemis pour le pendre. Le catholicisme, en dernier lieu, a vu sa chute menaçante, et la Providence, qui l'a rétabli, semble passer inaperçu. Nous nous trouvons assez bien de l'athéisme, qui, en refoulant Dieu et nous aussi, fait assez nos affaires, puisque à la mort, notre récolte d'athées, de désespérés et d'incrédules, nous fournit pour remplir les loges encore vavantes où s'enterrent nos nombreux philosophes. Le goût particulier que nous trouvons à ces systèmes c'est d'affubler les hommes à cette condition : Dis à la poussière qu'elle est ta mère ; aux serpents, aux reptiles, ce sont mes frères et mes sœurs. Asmodée ne devait donc pas manquer celui qu'il surveillait depuis vingt ans. »

Alors Arimane s'assied, Lucifer ouvre un livre et lit : « Aux condamnations juridiques de l'Enfer, il faut des témoignages solides, pour montrer la considération que nous nous devons à nous-mêmes. » L'huissier fait signe au diable Espion ; celui-ci dépose : « J'étais sur le bord du lac où Asmodée avait conduit son personnage ; tout ce jour était rempli pour eux des sottises religieuses, que le tentateur trouvait dans l'Inde, dans les siècles passés, dans les inquisitions, dans les livres qui combattaient les croyances. L'athée reconnaissait avec orgueil qu'il était un esprit supérieur. Pour donner un cachet à sa science, il fallait le suicide, et déposer dans le testament d'un homme qui existe l'assurance que c'est du néant. Tout était prêt, notre homme et Asmodée au bord du lac ; l'aspect du précipice ne fait qu'enhardir l'acteur, il souffle des narines et jette ses regards pour les perdre. L'acte de la volonté est complet, seulement une position du corps appuyée sur le pied droit est obligée, par une motte, de s'incliner davantage. Si les deux pieds eussent fait équilibre, notre homme faisait le saut. Asmodée se mit à rire de la petite inclinaison qui avait retenu le vieillard ; le frisson revient, court plus rapide, les yeux se remettent, et après avoir parcouru l'abîme l'athée veut différer sa chute. Asmodée plus attentif, en continuant de remuer le mobile qui était maître du moment, eût arrêté l'attention, et un nouvel élan eût terminé l'ouvrage. Ce qu'il y a de plus déplaisant, c'est que l'athée vient de prendre à son service certaine Sophie, un de ces caractères de fille assez dévote et mondaine tout à la fois, pleine d'esprit et d'agrément ; elle obtient beaucoup dans la confiance du vieillard, et vient d'introduire au château un jeune vicaire des alentours, libéral en ses idées, plus enclin au relâchement qu'au rigorisme. Les évêques ont beau se promettre de ne plus ordonner de tels esprits, toujours ils lâchent la maille, et nous avons à nous plaindre de ces estafiers. Avec Sophie et le vicaire, l'athée, pris sous d'autres auspices, va commencer de croire, et nous de le perdre. »

A ces mots, tout l'Enfer frémit; Lucifer jette un éclair qui découvre, assez près de sa demeure, différentes loges, dont une était préparée pour une prochaine occupation. Asmodée, interrogé à son tour, convient des regrets qui l'affligent, et promet d'être de plus en plus en sollicitude, prévoyance, activité.

Arimane interpellé ne laisse pas de déduire ses conclusions : « Il faut, dit-il, que le coupable entre dans le corps d'un loup, fasse cinq fois le tour des enfers, et soit obligé, dans trois mois, de se procurer deux cents mille francs d'amende, soit dans les eaux, soit dans la bourse des usuriers. Lorsque personne ne connait l'état des finances laissées au trépas, il devra ouvrir et fermer sans fracture : cet argent servira au diable Espion pour ses différentes machinations. » Les juges alors se lèvent, et après un court examen les conclusions du ministère infernal sont ordonnancées.

Les prévôts, archers et diables prennent une forme de loup vivant, ou peut-être en ont-ils qu'ils ont pu propager dans leurs parages, et, au moyen de secrets qui agissent sur les esprits, le pauvre Asmodée se voit obligé d'occuper l'animal qui lui est présenté; ensuite enchaîné, il attend au lendemain pour commencer sa pénitence.

L'état monotone de l'enfer ne présente pas la succession de nos jours : les actes sont variés pour les différents ministères, et lorsque les démons sont livrés à eux-mêmes, ils rédigent des observations soumises à leurs chefs. Les jugements surtout sont exécutés sans guère de délais et sans appel.

A peine lancé dans l'espace, le loup Asmodée, pour poursuivre plus vite l'arène ouverte, se précipite à toutes jambes, et de courir à perdre haleine. Des dogues, lâchés contre lui, l'obligent à un combat à outrance : il déchire toutes les formes qui lui font obstacle; mais souvent renversé, malade, hué, moqué, joué, il exhale des cris horribles, des gémissements sourds et plaintifs. Tous ses confrères, les esprits, se moquent de lui.

Dès la seconde et troisième course, il est obligé de parcourir, en différentes stations, les demeures des damnés; ils sont ébahis de ce spectacle. Les esprits femmes surtout s'accomodent de cette dérision, et frappent à leur tour un diable célèbre ; elles ne manquent pas d'ajouter par leurs sarcasmes aux douleurs du pauvre loup.

Dès la quatrième course, comme on revenait d'un long circuit, le loup s'arrête sur une vaste esplanade, recouverte d'une pierre carrée, aussi vaste que le lac Mœris ; cette pierre peut se lever au moyen d'un mécanisme intérieur, et donne entrée à l'enfer le plus innocent : celui des enfants qui ne portent pas le signe du salut. Asmodée connaît la manière de déranger la pierre, et avec ses pattes, dans la préoccupation de ses gardes, il force la mécanique, ouvre et entre dans l'espace au-dessous. Alors il se remet de ses fatigues ; les archers n'ont pas le droit de le suivre ; lui, malgré son supplice, est une fois plus tranquille qu'il ne l'ait jamais été.

Toutes ces ombres d'adolescents, qui n'ont aucun regret personnel, se pressent autour de lui, et le font expliquer sur son aventure. Ce lieu est tranquille, l'esprit s'y exerce à des méditations sérieuses, la différence des humeurs et des caractères n'a rien d'effrayant ; ils connaissent Dieu et souffrent de ne pas le voir ; ils acceptent leur sort, et s'il leur arrive de connaître les malheurs de l'Enfer et de la Terre, ils restent incertains ; moissonnés plus tard, peut-être eussent-ils été plus criminels. Les jouissances du paradis dont ils sont privés affectent douloureusement leur existence, et c'est pour eux surtout le cas de dire : *Plus torquentur paradiso quam gehenna.*

Asmodée admire plus que jamais cet accessoire de l'Enfer. Il fallut beaucoup d'efforts aux autres diables pour rouvrir la porte ; enfin ils rencontrent leur justiciable qui consent à revenir et à subir la cinquième épreuve. Celle-ci, on peut le croire, est accueillie de nouvelles acclamations ; on lâche sur lui les philosophes de l'Enfer, et tous, pleins d'impatience, persécutent le pauvre loup, de façon qu'à fin de course il n'avait plus ni queue ni tête.

Lucifer, presqu'indigné, ordonne de l'envoyer sur la terre. Asmodée, redoublant de mouvements et de vitesse, ne s'arrête nulle part ; il tombe sur les ruines de Palmyre. Là, il voit le fantôme et Volney discourant en plein air, traduisant à leur guise toutes les religions. Déjà cent groupes de différents cultes avaient eu leurs condamnations, et d'autres qui suivaient les premiers étaient en route avec leurs enseignes.

Asmodée, indigné contre les philosophes, comme il en savait plus que le fantôme, demande un certain délai, et, sous prétexte d'une solennité plus grande, il invite les disciples du Coran à venir en plus grand nombre. Comme Volney, le fantome avait envie de dormir, fatigués de leur première explosion. Asmodée les assoupit avec une espèce de pavots qui leur fait perdre l'esprit pendant plus de quinze jours, c'est-à-dire qu'ils n'avaient d'existence que pour ronfler. En humectant le visage de Volney d'un certain raisin des îles inconnues, le philosophe, sans pâmer, eût pu rester deux mois de la sorte ensorcelé.

Asmodée ne perd pas de temps, il va à Londres, s'ingère en communication d'idées avec lord Bolinbroke, celui qui croyait aux amulettes, avec son ami Byron; il les fascine de manière à leur mettre en tête qu'au lieu de quelques athées qu'il y avait à Palmyre il fallait les réunir tous, pour que tous culbutant les cultes ils réformassent en deux heures de temps toute la société humaine. Les lords précités approuvent, ils connaissent leurs patrons, en France, en Autriche et ailleurs. Asmodée, tenant le fil de la conjuration. dépêche à Londres, Manchester, Liverpool, Edimbourg, Dublin, il recrute 50 athées; en France, à Paris, Versailles, Rouen, Lyon, Dijon, 50 athées; en Autriche, à Milan, Palerme, Rome, Ravenne, Mantoue, 50 athées; en Russie, 25; en Turquie, 40. Ils conviennent entre eux d'un rendez-vous en Angleterre, et, le cœur gonflé, la tête échauffée, versant l'or à pleines mains, se précipitent au lieu de l'embarcation. Le diable entre dans le vaisseau philosophique; l'on commence à discuter sur les beautés matérialistes, à palper toutes les formes, à assainir tous les regards Dans un temps où les mécaniques se perfectionnent, l'on arrange celles du corps humain, avec des procédés chimiques. Les philosophes une fois maîtres vivront plus long-temps.

La morale seulement fait un champ de bataille à tout rompre : oui, non, pour la communauté des femmes; oui, non, pour l'égalité agraire; oui, non, pour la raison raisonnable; oui, non, en instruction, en commandement, en rapport de famille. Il y avait tellement de oui, de non, de rêveries, de paroles jettées en l'air, que le vaisseau, malgré ses brumes, devint un calorifère assommant. Asmodée n'avait rien à dire; pour les patienter, il leur persuade qu'ils étaient en trop petit nombre : que ferez-vous de quelques centaines d'individus, les autres vont par cent mille. Cette réflexion fatigue tout le monde. Un jeune athée d'Angleterre ou de France, un peu cosmopolite, fatigué déjà de la confusion de ses collègues : « c'est délire, dit-il, d'être aussi peu nombreux, faisons un train de plaisir; sans prévenir de rien, nous emmènerons la jeunesse la plus florissante des deux royaumes, et de revenir impatients de réaliser cette fois une assemblée nombreuse. »

Le train de plaisir fut annoncé pour une navigation scientifique et curieuse. La jeunesse, par milliers, se présente pour ce voyage. A Londres, à Paris, deux vaisseaux arrivent pour l'expédition des nouveaux argonautes. Parmi eux, et sans s'en douter le moins du monde, quelques desservants des diocèses de Paris et de Lyon, sur des motifs de santé et pour aller prendre les eaux, avaient obtenu un congé de deux mois; ils se laissent entraîner par leurs amis et le tableau d'un voyage inoffensif. Durant la traversée, l'un d'eux, plus exercé que les autres, avait compris une manifestation d'athéisme générale avec un roulement de fanfares et condamnations de tous les cultes. Que faire dans un vaisseau, il faut suivre le vent et arriver au rivage le plus près de Palmyre. Nos voyageurs, en caravanes bien approvisionnées, se rendent sur les ruines de Palmyre; il était temps, Volney et le fantôme s'étaient réveillés; toutes les religions se déploient en demi-cercle, il ne restait plus que l'enceinte du milieu que vont occuper les nouveaux venus.

L'on entendit l'explosion philosophique contre tous les cultes, la censure du législateur, l'invitation à jeter par terre toutes les croyances pour s'en revenir athées pur sang; plusieurs ministres et acolytes ne s'en souciaient pas : la tactique, alors, était de les faire déchirer entre eux. Le desservant, voyant la gravité du danger et presque l'inutilité de débats, que le temps seul peut conduire à une solution péremptoire, s'avance pour la paix. « Serons-nous insensés, dit-il, pour nous outrager à pure perte; si nos dogmes sont divers, nous en avons de communs; il n'y a pas une seule religion sans l'existence de Dieu et l'immortalité de l'âme. Nous ne nous accordons pas au développement de nos doctrines, mais nous sommes moins hostiles les uns aux autres qu'avec les athées. Ils nous écrasent tous; ils insultent Dieu, quel que soit le nom qu'on lui donne : chez moi, le Christ est un menteur, à leur avis; chez les turcs, Mahomet un fourbe violent et ambitieux; chez les juifs, Moïse n'a de dieu que comme à Memphis et à Thèbes; dans l'Inde, c'est rien du tout. Voulez-vous amuser les philosophes à nos dépens? C'est peu de nous ravir le ciel, de nous assimiler aux bêtes les plus dégoûtantes, de lier nos fronts au joug insensible et brutal de l'athéisme, ils veulent encore souffler la guerre dans nos rangs. En première recrue, ils n'étaient pas trois cents; si nous mourrons aujourd'hui, que feront-ils de l'univers? Soyons en paix; si nous ne pouvons pas tous accepter les mêmes croyances, restons libres de croire nos livres ou ceux des autres. Ce n'est pas un simulacre de foi que Dieu demande, c'est pour tout de bon : la confiance et l'amour. Faut-il qu'une poignée de prétendus savants viennent pulvériser toutes les croyances? Il n'y a pas de poussière exterminatrice, elle ne serait que pour eux, si tant est qu'ils pussent acquérir ce misérable partage. Il y a de la honte aux hommes de stigmatiser leurs semblables, en disant : tu ne vaux pas au lit de la mort la feuille que l'automne détache de l'arbre. L'existence n'est pas un rêve, elle peut continuer en changeant de formes. Nos religions sont absurdes, dit-on, et pas une seule ne porte à mal faire, si ce n'est par circonstance où la malice des hommes entre plus que celle des dogmes. Vivons frères et espérons; ils n'ont pas fondé toutes les ressources de la puissance de Dieu. » Alors, tous les groupes dirent : il a raison contre les athées. Un turc, fier de son turban, quitte sa place pour dire au desservant : les athées bouleversent nos bibles, nos corans, les vedams, les chastras, les pouvans, les zend-avostas, les sadders; ne pourriez-vous pas leur demander à prouver l'athéisme? Je le veux, réplique le desservant. Dès lors, toutes les religions se taisent, et les athées qui bordent le premier rang de l'espace forment le cercle, choisissent un des leurs pour déduire ses preuves péremptoires.

Au dialogue suivant : D. *désigne le desservant,* A. *désigne l'athée.*

L'on demande à l'athée : Qu'est-ce que la vérité? Il répond : C'est l'enseignement de la nature qui doit être la même partout.

D. — Cet enseignement se compose-t-il d'idées, de raisonnements, d'expérience?

A. — Oui.

D. — Est-il en réserve le domaine de l'homme, ou s'étend-il à toute la nature?

A. — L'organisation de l'homme se prête davantage à son développement.

D. — L'homme a-t-il autant d'intelligence qu'il en a fallu à la nature pour le complément des êtres et leur proportion?

A. — Oui ou non ; l'on ne sait pas.

D. — Cette vaste étendue d'intelligence s'est exercée une fois beaucoup plus qu'elle ne fait aujourd'hui ; la date de l'homme sur la terre n'a pas l'air d'être éternelle, ni les animaux non plus, ni quoi que ce soit de ce que nous connaissons; tout présente des défaillances, tout est menacé par des contraires. Pourquoi la nature ne se trouve plus à même de jouer son premier rôle? Pourquoi l'esprit? Il y en a chez Volney. Pourquoi cet esprit? L'univers physique n'en a pas autant que le philosophe?

A. — L'athée souffle, bat ses flancs. Partout, ajoute-t-il, il y a des traces d'intelligences fondues avec les êtres : nous en référons à l'universalité et ne distinguons pas, ce n'est bon que pour les théologiens.

D. — Comment se fait-il que les corps les plus immenses soient dépourvus de sentiments, eux qui auraient tant de jouissances par rapport à leur grandeur?

A. — L'on ne sait pas si l'intelligence est, en eux, en germe et manque de parole, comme il arriverait à un homme livré à lui-même, dont le développement intellectuel ne pourrait s'étendre.

D. — Alors, la nature n'a pu ou ignore la manière de répandre la science? Dans l'un et l'autre cas, elle est éphémère, et se trouve imprévoyante dans l'homme qui fait abus de ses dons, insouciante pour le réformer et le punir. Où voulez-vous arriver avec une nature si déplorable et qui ouvre, quoi? Néant pour toute réponse.

A. — Votre Dieu n'est-il pas aussi difficultueux?

D. — Non. L'épreuve n'est pas la fin : avec un Dieu architecte de cette force, l'on n'est pas à bout de ses œuvres, et il aura le talent de remettre en place ce qui semble s'en écarter.

A. — Il y a des vertus occultes naturelles que nous ne connaissons pas.

D. Vous n'arriverez à rien ou vous y arrivez trop tôt. Que m'importent ces vertus, toujours occultes et aveugles; elles ont besoin qu'on les conduise et vous voulez les prendre pour guides. Le pauvre ici-bas, le malheureux est autorisé par vos systèmes, à maudire et nature, et vertus, et le monde, et son train. Comment, vous nous refusez de chercher un consolateur hors ce monde, lorsque tout l'univers ne peut pas nous consoler?

A. — Mais votre Dieu ne console pas souvent et impose des jougs qu'il est bon de secouer.

D. — Ce n'est pas toujours que notre Dieu garde le silence, tous les cultes le font parler; ils admettent qu'après nous avoir donné la parole, il ne se la refuse pas. Il a dit qu'il jugerait les hommes, pour les récompenser ou les punir; de tant d'échos, qui retentissent de la parole de Dieu, n'y en a-t-il pas de vrais? qui aurait pu les inventer, si votre nature ne connait pas Dieu? L'homme en le faisant aurait fait un miracle au-delà de ses forces. Ce n'est pas ainsi qu'on invente, à moins d'avoir des inductions qui nous conduisent à l'objet. C'est Dieu qui a fait l'homme, et non pas l'homme qui fabrique Dieu. Vous vous plaignez de son joug, et vous ne parlez pas des récompenses qu'il a promises; son fardeau ne fut jamais écrasant. S'il y en a de tels, ce sont les ennemis de Dieu et non sa raison suprême qui veut nous tourmenter. Cessez donc de proclamer votre néant; si l'on vous croît, l'on devient rageux, impossible alors de se maîtriser soi-même, et vous avez tort d'ébranler l'espérance, principale vitalité chez les hommes?

A. — Peut-être l'athéisme remédirait à beaucoup de maux.

D. — Comment voulez-vous qu'il remédie à quoi que ce

soit ? L'homme, en lui-même, n'a aucune sanction à l'égard de ses semblables ; le néant en a-t-il davantage ? Vous voulez instruire, et vous condamnez toutes les religions ; avezvous plus de droit d'être infaillible que les autres ? Si le mensonge est partout, qui nous en préservera ? Ceux qui nousétouffent sans retour ; est-ce croyable ? La contradiction de l'erreur ne se prouve pas elle-même, et vous n'établissez pas votre droit en détruisant celui des autres. L'on travaille alors pour détruire, sans édifier : ce n'est pas pour m'avoir vaincu que vous serez invincible ; en ce cercle l'on éternise les disputes sans en sortir, et nous avons besoin, même par nature, de chercher et de trouver autre chose ; autrement, en matière de querelles humaines, si je me trompe, tu peux te tromper. Vous prenez la justice pour devise, elle ne peut appartenir qu'à la religion : quelle justice y aura-t-il entre des hommes qui ont intérêt à se nuire et que la mort anéantit ? Votre intérêt général, bien entendu, est une dérision pour celui qui est dupe ; vous le dévouez en sacrifice, comme les marchandises d'un vaisseau avarié qu'on jette à l'eau. Cette justice est horrible pour les malheureux ; il ne tient pas à eux de détruire leurs juges pour se sauver, et se préférer aux autres. Le monde dût-il sonner sa dernière heure, tous les actes de justice que feraient les athées, à l'encontre des voleurs, des assassins, sont autant de férocités, où domine la force, La nature chez l'individu qui, seule est coupable de ses désordres et de ses penchants, renvoie promener toutes les natures qui n'ont rien à lui promettre à la mort. *Ab jore principium et finis.*

A. — Monsieur le desservant, qui voulez encadrer chez vous toute justice, je vous prie de me dire pourquoi le concile de Trente a dit que vous étiez revêtus, par Jésus-Christ, d'un caractère de prêtre ineffaçable ? pourquoi encore le concile a voulu qu'un état de discipline fut conforme à des lois, selon lesquelles vous devriez être traduits devant vos chefs, et que votre ministère étant aussi sacré que votre caractère dans l'enseignement, ordonné par Jésus-Christ, vous ne relevez plus aujourd'hui que d'un article organique ainsi conçu : Les desservants sont à la nomination de leurs chefs et révocables par eux, c'est-à-dire que la prêtrise du desservant est au jour le jour, qu'il est prêtre à dix heures du matin ou à midi, et ne l'est plus le soir ; c'est ce que veut dire l'art. Aussi les menettes ne manquent pas pour tromper vos évêques et vous faire excommunier en abondance, et puis vos évêques gratifient le pape de son infaillibilité, et ne l'écoutent pas quand il condamne les articles organiques; ils n'écoutent guère plus la bulle de Benoît XIV, qui enseigne que le prêt argent n'est pas productif de lui-même; de sorte qu'au temps où l'infaillibilité papale est le plus prônée, en pratique, on n'y songe pas.

D. — Qu'il y ait des lois répréhensibles, si vous voulez, je n'y puis mieux; reconnaissez toutefois la force de la confiance religieuse. Abandonnez à elle-même, la foi, dans son cours, ne s'arrête pas devant une digue lancée par la main des hommes; que son action soit un peu plus ou un peu moins libre, elle ne cesse pas d'agir. Nos évêques n'abusent pas des articles organiques, et l'on ne voit pas le scandale de la force d'un côté et de la faiblesse de l'autre, pour augmenter les débris des âges précédents. Il ne faut pas rendre la religion responsable d'une loi qu'elle n'a pas faite; songez plutôt aux désastres où vous-mêmes n'étiez pas épargnés : lorsque les prêtres traînés en prison, à l'exil, à la mort, cachés dans les puits, nourris dans les bois et les rochers, traqués comme la bête fauve, la maison de famille trouvait à sa porte un espion, s'il entendait une prière, un gémissement, on y avait le pillage; l'or des églises changé en monnaie, ses biens à l'encan, les monuments renversés, les tombeaux profanés; la mort, stationnaire et menaçante, ne suffisait pas aux victimes qu'on lui adressait; les révolutionnaires se dévorant entre eux; est-ce là le règne de l'athéisme? Un grand homme vint conjurer ces orages, et laissa passer les articles organiques, (toujours quelques éclipses se rencontrent pour les plus grands astres). Quant au prêt à intérêt, aujourd'hui, en France, la destination lucrative est partout, et l'infaillibilité papale, si elle n'est pas à l'abri de toute attaque chez les gallicans, elle est nécessaire avec l'église; si vous voulez, pour ne pas flotter à tout vent de doctrine, il faut un point fixe, un langage arrêté, une méthode pour se reconnaître.

L'athée murmure encore commerce, erreurs, grisettes, lorsque un chef turc vient le menacer de son yatagan : As-tu ménagé nos Bible, nos Coran, nos Sadders, nos Vendeta : eh bien ! attends qu'on réplique.

Alors le desservant ajoute : les hommes ont une fin, c'est dire qu'ils eurent un commencement ; vous avez vu qu'il faut étouffer toute parole de raisonnement, ou remonter à un être antérieur et souverainement puissant. Personne n'est dupe des systèmes générateurs, zoologiques, boueux, harmonisés à la fantaisie des mouches, aux sables du Nil, à vos œufs éclos ou à éclore ; que voulez-vous imaginer contre l'expérience et la répulsion qui refuse l'apanage des bêtes. Toute doctrine athée bouleverse la morale, donne un démenti au progrès des sciences, à la faculté de l'examen, à l'essentiel de nos devoirs. La vie et le néant sont incompatibles ; du moment que l'existence a pris son cours, le néant doit être impossible. Il a été plus facile de communiquer la vie que de l'exterminer. Le fait résiste à l'objet et à Dieu : ni l'un ni l'autre ne peuvent le dédire. Que ferons-nous de ces milliers de mondes dont on vante la prodigieuse étendue, si les cieux sont vides de sentiments? Comment un coin de l'univers a-t-il pu les produire, et s'il y a d'autres existences, nous avons besoin d'aller vers elles pour confronter ensemble nos destinées.

Les turcs qui avaient une réserve de dix mille hommes avec armes et bagages, artillerie et munitions, sortis d'un côté du désert, viennent le sabre à la main maintenir le Coran, on leur dit que les athées avaient perdu leur cause, en croyant la faire perdre aux autres, ce qui ne peut manquer de leur arriver toujours. Le général turc ne demande pas d'autre appréciation, il ordonne volte-face à ses troupes, se développe autour de la station qu'occupent les fanfarons athées, et les pousse, baïonnettes en avant, vers un abîme, à demi-lieue de Palmyre. C'était un vaste marais, qu'habitaient mille sorte de reptiles; les oiseaux n'osaient passer à tire d'ailes au-dessus de ses exhalaisons empestées. Les eaux croupissantes du gouffre ne permettent sur le rivage aucune espèce d'herbage ; une montagne en forme de triangle, sans végétation, n'offre que des rochers arides et des crevasses pour les bêtes nocturnes. La montagne escarpée entoure le gouffre qui n'est abordable que d'un côté. Les turcs ont leur mesure prise, et une fois qu'ils auront complétement cerné l'ennemi, entre leurs phalanges, les montagnes et le gouffre, ils veulent l'exterminer.

Le desservant, qui s'était pris bec à bec avec d'autres religionnaires, ne se méfiait de rien ; on lui apprend la catastrophe, et les renforts turcs arrivés jettent à la voirie du marais l'assemblage bizarre de jeunes gens, de jeunes filles qui avaient suivi les athées. Alarmé de cette nouvelle, le prêtre court sur la trace des janissaires, arrive tout essoufflé ; de ses regards il interroge le général turc, et lui dit : « Quelle horreur allez-vous jeter sur les cultes ! Dieu n'est-il pas assez fort pour punir l'erreur la plus absurde ? Si elle ne frappe pas du glaive, elle ne doit pas être réprimée par le glaive. Que savez-vous de tant de monde s'ils ne reviendront pas au sentiment religieux : les incrédules doivent être refutés et non pas égorgés. » La Société n'a pas besoin de pareils monstres, reprit le général, s'ils veulent faire de tous les hommes autant d'athées ; quel ramas de pestiférés, quelles machines de chair et de sang, d'où sortent-ils, que vont-ils faire au néant ; c'est les servir selon leur choix de leur procurer la demeure qu'ils convoitent. De grâce, ajoute le desservant, soyons hommes et non pas homicides ; plaignons ceux qui se méprisent eux-mêmes, n'allons pas ravir quelques jours à ceux qui peuvent se reconnaître ; Dieu n'a pas besoin de sang, ce serait tout au plus le néant ; voulez-vous combattre pour lui ? Non pas, dit le général ; il fait signe d'arrêter les batteries, dont la mèche allumée allait produire l'explosion.

Les athées éperdus, sous l'effroi de la mort, ayant vu de si près un danger si favorable à leur néant, frémissent encore à l'aspect des monstres qui se hérissent sur le marais, ces gueules béantes de crapauds, de lézards, d'espèces de crocodiles affamés, que l'instinct porte à la curée de toute espèce de viande. Pour la première fois, ils sentent et s'aperçoivent qu'ils n'ont rien en parenté avec les bêtes lugubres, et que n'importe. de l'organisation qui peut se rassembler, l'on ne peut confondre les êtres hommes et les animaux. Ils fuyaient et se repliaient derrière les cercles de religion qu'ils avaient appelés pour les confondre.

Au retour du desservant, à la place qu'il avait occupée, un juif vient l'entretenir : il se plaint qu'étant le seul en vraie religion, possédant dans le laps de plus de quatre mille ans le véritable enseignement religieux, gardant à Dieu son caractère inviolable, héritier de ses promesses, enfant des patriarches et des prophètes, rejetant les cultes idolâtriques, pourquoi n'a-t-il pas sa supériorité incontestable? C'est votre faute, répondit le desservant, de ne pas suivre le cours de la Providence, et de vous tenir stationnaire : tous ceux qui ont quelque similitude avec vous l'ont emprunté chez vous. Pensez-vous qu'autrefois, comme aujourd'hui, les savants, avides de s'instruire, ne sont pas venus, chez vous, éplucher le sommaire de votre doctrine : les Egyptiens étaient au courant de votre histoire; les Madianites et Balaam l'étaient aussi; Achior en savait autant qu'un juif; quand on sait un secret de science, l'on s'en sert pour son profit. En Grèce, il n'est pas clair du tout que Platon et Socrate ignorassent vos idées; sans vous, ils n'eussent pas trouvé le verbe, sagesse éternelle inséparable de Dieu, et fonctionnant en attributs divers; ils connaissaient même les interprétations quelquefois secrètes de vos prophètes, dans un temps où l'on ne pouvait pas porter leur masse de doctrine; Isaïe, avec son trisagion *Sanctus*; Jérémie, avec le prodige d'une femme qui porte en ses flancs un homme au complet de la perfection; David, qui parle de son Seigneur égal à son Dieu; Jacob, assigne à son fils Juda l'avènement d'un chef qui est l'attente des nations. Plusieurs fois votre Dieu parle de lui-même en nombre pluriel; il n'est pas étonnant que les Indes aient trouvé chez vous leur trinité ou quaternité arrangées à leur manière. Quant à l'essentiel de la divinité, je conviens que vous n'avez pas de gradation à subir : à la première heure du monde vous parlez à Dieu, comme aujourd'hui, comme sur le dernier débris de l'univers; il n'y a rien à ajouter à votre science divine : Hénoch l'enseigne comme Abraham, comme Moïse et vos plus sublimes prophètes; les uns ont plus d'étendue que les autres en doctrine, mais tous gardent l'essentielle démarcation de l'infini. Les chrétiens disent comme vous, et Jésus-Christ, qui sort de vos livres, ne dit pas autrement. Laissez les peuples digérer leur code, leurs maximes, leurs à-propos de circonstances et d'évènements singuliers; pour nous, il est honteux d'avoir les mêmes armes à notre service et de nous en servir différemment.

Le juif. — Vos allégories sont incessantes, vous ne voyez que figures, emblêmes, pronostics; vous traduisez la Bible comme une énigme qui s'explique toujours à votre avantage. Je ne puis être long, répondit le desservant; soyez de bonne foi : croyez-vous que le juste Abel mis à mort par Caïn, le premier né parmi les enfants des hommes, n'était pas un triste pressentiment pour l'avenir? Que voulez-vous rapprocher de lui d'aussi mémorable que le Sauveur de votre peuple, condamné par esprit de faction. Passez à l'Agneau pascal, à l'Agneau dominateur, à celui qui se laisse égorger comme une brebis inoffensive que Dieu frappe pour les péchés du peuple, qui nous guérit par ses blessures, comme le serpent d'airain, élevé dans le désert, soulage tous les regards qui se portent sur lui. Où trouvez-vous l'homme exceptionnel qui, volontairement, quitte la vie pour avoir une nombreuse postérité, dont le sépulcre sera couvert de gloire. Souvenez-vous du sacrifice d'Isaac, de Melchisédech, implanté dans vos livres; il appartient à l'histoire, sans parenté connue, contre l'usage de l'époque, et qu'Abraham lui-même reconnaît pour son supérieur, lui qui, évidemment, occupe la place de premier prophète et de premier agent dans les desseins de Dieu. Comment trouvez-vous l'incomparable Jonas, avec ses trois jours dans les flancs des mers. Comparez, scrutez, fouillez vos propres livres et l'indication des principaux personnages, vous irez à celui qui les explique tous, et qui est le centre de leurs mouvements et de leur valeur, avec lequel ils parleront sans rien craindre à tous les âges, et sans lui ils tombent pour ne plus se relever, laissant au monde le plus prodigieux débris; ni pensées, ni paroles ne suffisent pour l'expliquer. Vous avez plus besoin de nous que nous de vous; nous marcherions encore sans la Bible, la tête haute au milieu du contentieux. Nous voilà cependant avec des prophètes tels que saint Paul, nous voilà à l'œuvre, et qu'avez-vous de meilleur que nos docteurs et nos martyrs. Depuis près de deux mille ans, on a eu le temps de nous essayer, et nous avons des armes pour nous battre encore, et toujours avec plus de certitude que jamais. Pour vous, attendez-vous le Messie, quelle est la famille de David, où sont vos lévites, et votre temple qui ne pouvait être avec l'arche que du provisoire, et n'avait pas mission de s'accoler à tous les peuples? — Le juif; mais vous nous avez persécutés. » Vous n'avez pas besoin, répondit le prêtre, d'autre soutien que votre Dieu : c'est lui qui laisse disparaître les autres peuples et vous réserve à ses miséricordes. Il est inoui dans les fastes du monde (et la condition de notre mortalité est péremptoire), il est inoui qu'aucun peuple de l'antiquité se soit conservé sur le globe, je ne dis pas seulement en doctrine, même avec le moindre signe de sa nationalité : et vous, qui avez commencé le premier, vous durez encore; tous les peuples se perdent, mais vous êtes l'exception qui, oui ou non, confirme la règle. S'il n'y avait pas pour vous un Dieu protecteur, qu'aviez-vous pour vous défendre des outrages du temps? Vous êtes là comme un phare allumé au milieu des peuples; ils ne se doutent pas de votre vitalité; pour vous seuls elle est en réserve, et, cosmopolites, vous voilà; le sol partout porte l'empreinte de vos pieds et l'image d'Abraham, que mille révolutions ont laissés dans le même état. Le juif; vous n'avez cessé, vous dis-je, de nous persécuter. Ne parlez donc plus de ces rancunes, nous nous sommes persécutés nous-mêmes; partout où il y a des hommes, il y a avec eux des crises d'erreurs et d'injustices : c'est une fièvre qui tourmente la société; pourra-t-elle jamais en sortir? Les vrais chrétiens ne vous ont pas persécutés, je ne parle pas des explosions populaires : voyez saint Martin et saint Bernard, ce sont des hommes sérieux et mémorables : voyez une foule de papes qui se sont opposés aux vexations arbitraires lancées contre vous; voyez mieux encore, la civilisation ne vous a-t-elle pas rapprochés : aujourd'hui, vos banquiers prêtent à nos papes qu'ils ne souffraient pas en peinture, et vos collègues en religion peuvent devenir nos ministres, que nous ne leur demandons pas compte de la singularité de leur foi israélitique; vos rabbins figurent aux dépenses de notre lourd budget; en France, l'on doit dix milliards, nous aiderez-vous à les payer? Nous avons besoin que l'argent augmente et baisse son prix; à la longue, cette méthode servira les gouvernements européens. Dites à vos rabbins de ne plus se mettre à la croisée pendant l'orage, pour relever leur Messie pendant la tempête; mais plutôt qu'ils étudient leur Bible et reviennent vers nous; du reste, nous ne sommes pas trop intéressés à votre retour, car je crois que votre mêlée en masse dans notre giron sera le premier pas vers le jugement universel, et cette allégorie ne veut pas plus que les autres se perdre dans l'air du temps. Le juif parut consolé. N'auriez-vous pas, ajouta-t-il, quelques paroles convenables à tous ces peuples? Nous sommes tous, même dans nos erreurs, plus à plaindre qu'a blâmer; mais pour nous guérir, je n'aime pas les médecins qui nous tuent sans retour, ni leur doctrine à la crapaudine qui ne vaut pas du pigeon, ni du jambon. Ne parlons pas de ça!

Lors le desservant : « Frères et amis, jamais plus le monde n'avait élevé contre les cultes des bras si hardis, jamais plus les échos de l'incrédulité ne s'étaient prolongés si loin; on a voulu tous nous réunir, pour nous étouffer tous; on a voulu traîner la foi et l'impérissable élément de nos pensées à une remorque de chimères fantasmagoriques; Dieu ne serait plus pour nous que le délire d'un malade; et le feu des étoiles, et les volcans de la Terre, et les poissons du Nil auraient formulé tous nos livres, avec ou sans préméditations d'erreurs. Quand vous adorez Dieu, en faites-vous une machine avec ressorts, dont vous êtes le maître; n'est-ce pas lui qui commande aux autres; et encore, que quelques peuples ayant caché des vertus divines dans les phénomènes, les orages ou les plantes, n'est-il pas vrai, pour tous, qu'il y a eu un régulateur suprême, un où la puissance abondait davantage; êtes-vous éloignés de reconnaître que que nous sommes justiciables et redevables à un créateur qui nous attend, et qui verse sur nous sa providence et ses bontés. Que nos traditions soient diverses, elles ont pourtant des traits de ressemblance; à l'avantage de tous, elles tendent au même but. La mort ne termine pas nos destins, nous aurons à les suivre, à les subir; dans la meilleure partie de nous-mêmes, c'est de connaître, vouloir et être sensible avec ou sans nos organes. Des philosophes, aujourd'hui, veulent tout enterrer avec le corps et nous peser au poids de la poussière, inertie avant et après; que signifie un point entre deux abîmes, vaut-il la peine d'en parler et d'intéresser de sérieux argumentateurs; ne laissons pas languir nos livres et nos espérances pour écrire sur nos fronts matière, limon du Nil ou de l'Euphrate; on nous conduirait à une discrétion d'athéisme plus impitoyable qu'aucune autre. Dieu, disent-

4

ils, n'existe pas, et les enfants de nos enfants, mis à la torture, n'eurent qu'à attendre un néant impassible : ce qui appartient au néant est, et fut toujours impassible comme lui. Nous sommes sensibles, nous appartenons à Dieu qui nous a fait tels, pour durer toujours. Ce n'est pas assez d'élever nos regards au-dessus des astres, nos pressentiments vont plus loin et ne s'arrêtent que devant l'Eternel. Frères, prémunissons-nous de la foi ; sinon dans ce monde du moins dans l'autre, il n'y aura qu'une bergerie et un seul pasteur ; de loin ou de près, je veux dire selon la justice, il fera sentir son action, et nul n'aura à lui résister . cet oracle nous le proclamons tous. Aux débats de ce monde soyons indulgents, il le faut pour la paix ; parlons, ne nous frappons pas ; le glaive, autrement que pour défendre ses jours et ceux de la patrie, est la morsure de la vipère, la dent d'une bête féroce, ennemi des hommes, qui se plaît aux couleurs de la mort et les provoque contre elle. Peuples, invoquons la foi, éclairons-nous, ornons nos croyances des symboles de la charité. C'est pour avoir étouffé le cri de leurs entrailles que les athées, plus homicides que la mort, veulent continuer son œuvre. Ne savent-ils pas que l'amour n'a pas de halte, et brûle continuellement : quand on aime on veut toujours aimer, l'on veut être impérissable ; cet instinct est sûr et vient de Dieu. » Tous les peuples répondent : le prêtre a raison, les athées ont grossièrement tort.

Les peuples congédiés s'en reviennent chez eux, le Samoiède trouve les jours de 24 heures plus commodes que ceux qui durent toute une saison. Chaque rayon de ces phalanges nationales, qui étaient accourues des contrées lointaines, commencent à se mouvoir et à se saluer avec des marques de fraternité ; ils tournent leurs regards vers les lieux d'où ils sont partis ; ils s'étonnent de tant de divergences, d'opinions religieuses ; forment au fonds de leur cœur le vœu de pouvoir fraterniser un jour, et comprennent que l'union de l'ensemble obtiendrait une majesté, un accent de vérité, une harmonie tant admirée dans les astres et si peu suivie dans nos croyances ; ils aiment cependant à le reconnaître. A un fonds commun, au même besoin, à de semblables espérances l'on n'aperçoit pas la main qui a semé la zizanie ; tous soupçonnent Arimane, et déplorent, comme le fait d'une trahison, les malheurs tombés sur la terre, ce qui nécessite un réparateur.

Le fantôme de Volney, qu'Asmodée avait mis à sa place, ne paraît plus, mais le philosophe continue à discourir. Comme les reproches sont partout du même caractère et se ressemblent beaucoup, je ne les suivrai pas ; s'il y a quelque chose de plus saillant, j'aurai à m'en occuper. Au reste, le livre des ruines ne m'appartient pas, il courait dans la paroisse, on ne me l a prêté qu'un temps assez court. Je laisse les métempsycoses, passagères ou allégoriques, qui ne ressemblent pas aux croyances de l'époque ; Jupiter en pluie d'or, pour la satisfaction de Dorcée, ou changé en taureau pour celle d'Europe, ou Amphytrion pour se désennuyer, ou de toute autre façon. Ces hyperboles ont fait leur temps, elles ont pu sortir d'Egypte, être arrangées par Pythagore, et puis ont servi de matière au génie poétique de la Grèce et de Rome.

Objections mêlées avec les réponses.

Volney. — De ce que l'homme n'acquiert et ne reçoit que par l'intermède des sens, il suit que toute nation, qui s'attribue une autre origine que celle de l'expérience et des sensations, est dans l'erreur.

Y a-t-il des idées inées? c'est peu nécessaire ; leur développement, à mon avis, a besoin d'éducation ; mais l'intermède des sens peut-il autre chose que selon sa constitution toute physique. Comment alors cet intermède peut-il servir à la science, où apprend-il à connaître ce qu'aucun de ses ressorts ne vous présente comme attaché à son mécanisme. Quand vous raisonnez au moral, connaissez-vous l'organe purement matériel qui lui est approprié, qui explique la justice ; dans les sens, toute l'action est nécessitée ou par l'organisation elle-même, ou par le principe libre, intelligent, qui en détermine l'usage. Les sens ne sont pas chez vous l'être tout entier, puisque dans les moments où il ne leur manque rien, où leur rôle est au complet de la nutrition ou de la santé, vous ne laissez pas de souffrir violemment, ou par ambition ou par regret. Dormiez-vous bien tranquilles dans les prisons républicaines. L'origine de l'homme par les sensations et l'expérience, c'est parler pour rien dire : sensation et expérience ne viennent pas toutes seules et n'entendent rien au régime idéal et spirituel.

Volney. — Les enfants de la nature, sans dogme, sans âme, à qui, si ce n'est par les sens, l'entendement demeure impossible?

L'accès de l'entendement serait toujours impossible avec des sens, ou avec une machine purement matérielle; quels rapports auraient-ils entre eux? Il faut des idées compatibles, mises en exercice sur l'ensemble de l'homme, avec un principe qui les résume; et si vous ne voyez pas cet agent moral, vous voyez encore moins que vos sens puissent le remplacer : les sens ne sont-ils pas les mêmes chez plusieurs individus; choisissez les mieux constitués, ce ne sera pas une raison pour leur donner reversible la même portée d'intelligence; si vous trouvez deux physiques égaux, je vous défie de me prouver qu'ils seront de même au moral. Ceci n'est pas possible, puisque alors de deux êtres, avec des propriétés personnelles et distinctes, vous ne feriez que deux êtres différents en nombre; et le moi identique, inaltérable, qui résiste du berceau à la tombe serait compromis, ce moi serait deux fois le même! Avez-vous vu de tels hommes?

La question de savoir si la sensibilité peut appartenir aux organes est encore épineuse et difficile.

Nos corps n'étant composés que d'éléments extérieurs : eau, feu, air, gaz, matière arsenicale et autres, séparées ou unies dans une forme quelconque, je ne vois pas la possibilité de sentir, sans l'intervention de l'âme. Cependant les germes, chez l'homme et les animaux, présentent, dit-on, un fil en mouvement continuel, avec des points aux endroits où doit se fermer la diversité des membres; l'âme ne saurait y être, alors il en faudrait une profusion dont on serait en peine.

Si je suppose les germes animés, il me faut deux âmes : l'une, presque matérielle, pour la sensibilité qui dériverait de cette vitalité répandue partout, même dans la végétation, interviendrait chez l'homme au genre sensible, et suffirait aux animaux qui n'en auraient pas d'autre. Cette âme ainsi conçue ne saurait arriver à l'ordre moral et religieux ; c'est une manière de sentir, ajoutée à l'organisation toujours morte sans ce mobile qui, toutefois, n'est pas l'esprit ou l'intelligence chez l'homme. Alors la première âme des germes s'en irait-elle, lorsque la seconde vient; peut-être qu'elles vivent ensemble et forment le combat intérieur de la chair et du sang : ainsi parle l'école contre les idées de bienfaisance, de liberté, de justice. Au reste, le mouvement des germes pourrait bien s'expliquer par l'action de l'air sur des mollécules élémentaires, quoique insensibles; mais pour une organisation sensible, sans âme, elle est incompréhensible. En ne voyant que matière, comme il y en a partout, dans l'air, dans l'eau, dans la terre, n'importe de l'arrangement, vous n'y trouverez pas vivre et se connaître. La nature toute vieille a beau travailler, elle ne s'anime pas encore; quelle aie en son pouvoir les formes et les éléments, hors les espèces, c'est toujours la mort et l'insensibilité.

Selon Volney, la puissance est le titre primitif de Dieu; pourquoi n'arriverait-on pas à cette hauteur, avec des sens physiques : en Dieu, l'idée de puissance accompagne celle de l'infini. Quand mon semblable, plus fort que moi, veut me faire du mal, je le prie; vous faites bien, faites-en autant pour Dieu. Erreur funeste, réprend le philosophe, et pourquoi c'est qu'on prie la pierre de monter, les montagnes de se transporter; votre semblable est-il aussi dur qu'une montagne? non; et si plusieurs fois vous êtes exaucé, comment supposez-vous que celui qui a fait l'oreille n'entende pas, qui a fait vos yeux, dont vous ne connaissez pas le mérite ni l'action, ne puisse voir toutes choses. Vous renvoyez Dieu aux grands objets physiques; accordons qu'on puisse y atteindre, même chez les sauvages, mais jamais en vous incarcérant dans une prison matérialiste.

A quelle époque naquit le sabéisme? Il y a, selon l'astronome Dnpuy et Volney, plus de quinze mille ans, à condition qu'ils ne se trompent pas. Si ces messieurs sont obligés de nous dire ce que faisaient les hommes avant les quelques six mille ans dont l'histoire est en possession, ils auront besoin de fantôme; pour moi, qui ne suis pas astronome, il m'en faudrait un pour accepter leur marche.

Jadis, la Balance était à l'équinoxe du printemps, cette figure convient au croissement des jours comme à leur décroissance; on a pu l'adresser à quelques étoiles du printemps, mais pour votre compte il faut quinze mille ans, et vous ne me dites pas si l'astre indiqué conservera son nom au progrès qu'il a besoin de faire ; pour arriver à une place déjà occupée, il se gardera bien de prendre la volée pour le plaisir de saluer les premières fleurs après l'hiver. Si vous êtes entiché, engoué de vieilles années, on peut vous satisfaire. Les journées de la Genèse ne sont pas déterminées pour tout le monde, ce sont plutôt des époques aussi longues que vous voudrez ; quand le monde aurait existé en zodiaque quinze mille ans avant la formation de l'homme, que s'en suivrait-il ; quand la Bible même aurait une erreur de nombre de huit mille ans, même plus, vous n'arriverez à rien : c'est plus de temps laissé à l'espèce humaine et rien de changé à son existence. L'on convient facilement qu'il y a des variantes, surtout en nombre dans la Bible ; à Betzames, il est difficile de croire que soixante mille hommes périrent devant l'arche pour l'avoir regardée ; l'endroit, la population, les temps ne s'accordent pas avec ce chiffre. En allongeant les générations anté-diluviennes, il serait fâcheux de troubler l'accord avec Noé ; mais au lieu de donner 900 ans à nos patriarches, doublez leur âge, vous pourrez vous rencontrer avec votre Balance et lui permettre de figurer au printemps. Les calculs astronomiques, quand ils sont gratuits, sont plus sujets à caution que l'histoire qui se maintient dans son ensemble : on ne peut pas abandonner celle-ci pour prendre les autres.

Certains hommes, dites-vous, qui avaient long-temps vécu, ayant donné aux astres des noms appellatifs d'animaux, se mirent à les adorer : comment supposez-vous qu'on ait voulu faire un dieu avec un mouton ou une herbe dépourvue de puissance, et placer cette erreur sur le compte de la civilisation ? Je ne disconviens pas qu'on n'ait adoré le bœuf Apis et non pas tous les bœufs, quelques crocodiles et non pas tous ; l'on accordait toujours un mérite surnaturel à l'idole, sans quoi il n'y a pas de religion.

Vous, prêtres, qui murmurez, votre tonsure est le disque du soleil ; votre étole, son zodiaque ; vos chapelets, l'emblême des astres.

A la bonne heure ! Tantôt vous prenez quinze mille ans pour vous pourvoir, bientôt vous vous retranchez à deux ou trois cents ans : tonsure, étole, chapelets n'ont guère davantage. Que quelques moines aient précédé la tonsure du minoré, c'est possible; mais nos apôtres, nos martyrs, nos pères d'église ne faisaient pas le soleil sur leur tête.

Sérapis, dieu égyptien, avait une croix qui lui servait à ouvrir les portes d'ivoire et de corne, par où passaient les âmes; vous ne dites pas qu'il leur assignait différentes positions, selon leur mérite. Ce langage est sérieux en religion : Sérapis voyait plus clair que vous.

Encore plus fort : corporations sacriléges (le sacrilége est rare chez les athées), prêtres astronomes, théologiens, physiciens, magiciens, complices et rivaux des rois, ont fait un monopole d'instituteurs, qui ont perdu, jusqu'à ce jour, le monde, et puis ont prédit les éclipses.

L'on ne demanderait pas mieux que de changer les mauvais instituteurs pour en prendre de bons, à condition qu'ils ne seront pas athées; car, s'ils veulent supplanter tous les autres avec de la matière, c'est un peu trop bestial; il faudrait vivre en loup, être dupes des matérialistes qui voudront dominer et étouffer la moindre plainte. Où sera la commisération avec des systèmes de fer; qu'on en fasse l'essai : les anciens instituteurs n'ont pas besoin d'autre valeur que celle que leur donnera l'expérience. Vous voulez être honnête homme, il est vrai, et pour y parvenir c'est du bétail que vous voulez enfermer dans vos enclos? Dieu veuille qu'on vous repousse toujours!

Je voudrais vous demander quelle religion s'est jamais formée à la suite d'éclipses prédites. Colomb imposa aux sauvages d'Amérique pour leur préciser une éclipse, en fit-il un abus religieux. Le sabéisme, d'après vous, existait avant la science astronomique qui put prédire les éclipses. Vous trouvez en Egypte tout ce qu'il vous plait, et vous transformez Osis, Osiris en étoiles, quoique l'Egyptien le fît raisonner autrement. Vos corporations magiciennes sentent le fantôme; si elles perdent le genre humain, pour lui annoncer le ciel après leur mort, pourquoi en aucun lieu n'a-t-on pu s'en passer? Vos chamans ont l'air d'être de votre invention: étudiez-les mieux.

Le mode de traduire toutes les religions à l'inspection des astres, et de leur faire suivre les combinaisons zodiacales est un rêve qui ne saurait être justifié nulle part. Si l'idée de

Dieu n'était la première, et qu'on ne fut pas fixé sur une puissance intelligente et féconde, irait-on désigner des astres avec des noms d'animaux, et supposer qu'ils agissent entre eux dans un état de guerre, comme elle se pratique entre les bêtes. Les astres ne pouvaient pas prêter à cette supposition, parce qu'ils sont trop d'accord et leur marche très-régulière ; leurs évolutions sont un spectacle de joie et non de terreur, ils ne cèdent l'espace que pour la reprendre ensuite ; le seul cas où le soleil parait en danger, c'est une éclipse, et les religions n'ont rien d'extraordinaire à ce sujet. Il est bien plus sensé de trouver la guerre entre les dieux, dans les traditions mal digérées au sujet du diable. Les hiéroglyphes étaient pleins de significations mystérieuses ; et c'était sur leur science, et non sur les astres, qu'on formulait les systèmes. L'on n'a jamais cru que l'hiver et l'été fussent deux divinités acharnées l'une contre l'autre, puisque les religions, d'après Volney, sortent d'Egypte ; qui ne sait que l'hiver, dans ce pays, ne mérite pas d'être redouté? Ce n'est pas l'écorce qu'il faut saisir, c'est le sens ou l'idée auquel on accorde toujours un motif spécieux. Dieu et confiance ont toujours accompagné les hommes, quoiqu'il y eut des terreurs pour les mauvais génies. Cet état de choses est avant le commerce et antérieur à l'industrie, et la science ne les a pas inventés.

Ce n'est pas non plus Moïse qui fait du porc un dieu d'hiver : il faut conserver aux personnages la dignité qui leur revient, et ne pas forcer à l'absurde ceux qui n'y pensent pas. De ce que le porc est interdit, comme immonde, à la table des juifs, peut-on en inférer un privilége d'adoration. César-Auguste disait bien qu'il préférerait être le porc que le fils d'Hérode ; mais l'allusion portait sur la cruauté du tyran à l'égard de sa famille.

En déblatérant sur les purifications et les souillures, sur les amulettes et les talismans, le philosophe ne rend pas justice à la sagesse des législateurs. Au point de vue physique, la propreté, dont on fait une vertu, favorise la santé ; la souillure dégoûte, répand un mauvais air, facilite la peste. Les philosophes n'ont-ils pas besoin de vidanges, et s'ils restent crottés tous les jours, comme Diogène, ils seront insociables. Qu'un juif se purifie, pour avoir touché un mort, vous vous en moquez ; vous vous trouveriez tout aussi mal d'avoir la lèpre. Au moral, la purification renouvelle l'homme, fait passer les vents et la tempête sur le cloaque des vices, arrose de larmes les endroits que la perversité avait corrompus, et l'on s'aide de certaines pratiques pour se prouver à soi-même un changement salutaire.

Avec Volney, l'hiver et l'été, prétexte de religion, ont deviné le paradis et l'enfer, aidé de l'intervention d'un nautonier égyptien qui reçoit, moyennant salaire, dans une barque du Nil, les morts qu'il transporte à leur destination.

Ce n'est pas une seule, c'est toutes les religions qui ont besoin de paradis et d'enfer, parce qu'il est évident que le bien et le mal ne peuvent pas toujours se produire sur le même théâtre, et qu'il faut une grande justification à ce mélange et aux malheurs de ce monde.

Il reste encore au philosophe une autre espèce de Dieu assez curieuse : c'est le panthéisme, dieu composé du soleil et des étoiles, fabriqué de feu, d'éther, d'électricité, d'atome fondu dans ce monde, où il se ferme, comme dans une armoire, d'où rien ne peut sortir, où tout naît, meurt et se consume. Comme il n'y a pas de religion panthéiste, Il est curieux de faire avaler aux croyants des systèmes athées ; il est plus curieux encore de se fâcher contre eux, puisqu'ils n e sont que l'expression des méthodes de Volney ; qu'a-t-il à corriger chez les hommes qu'il trouve aussi athées que lui ; tous ces instituteurs infâmes qui ont perdu leurs semblables n'expliquent en religion que le langage des zodiaques ; Peut-on se retourner de plus de manières ?

Cependant, plusieurs dirent : une machine ne se fabrique pas elle-même, elle a un ouvrier antérieur, elle l'indique par son existence. Le monde est une machine, donc il existe un fabricateur, et Cicéron, Senèque, Platon, les Orphée, les Homère, les Virgile, etc,, sont d'accord à reconnaître et à faire juger par tous les peuples que le monde est une machine qui exige un fabricateur et un réparateur ; ensuite, ils se trouvèrent obligés de composer trois grades ou échelons de personnes divines.

Les hommes savants n'ont pu s'empêcher de voir clair ; au spectacle de la nature, à l'examen des peuples, à nos besoins, à l'impérieuse nécessité qui nous comprime, à l'aptitude de tout connaître, à ces marques, ils ont dit : le monde est une machine et il a un fabricateur. Nous ne pouvons trouver nos destins dans une existence passagère et incomplète ; nous ne sommes pas à moitié de notre travail, à moitié de ce qui peut nous revenir, dans une carrière qui ne fait que commencer et s'ouvrir.

Le peuple en masse dit : n'y aurait-il que pour nous travail, pauvreté, délaissement ? plusieurs autres ont mille jouissances, aussi bien placées avec nous qu'avec eux ; il doit y avoir un arrangement ailleurs qu'en ce monde ; et, dans l'énergie des sentiments, quand toutes les sciences essaieront de leur fermer la bouche, ils répondraient : c'est faux ; nous sentons, si vous connaissez ; il nous faut un juge, nous le trouverons ; et, mieux partagés pour la foi que les érudits, ils s'harmonisent avec elle ; en pratiques souvent superstitieux, c'est qu'ils se précipitent à l'impulsion du merveilleux ; aussi, les mystères ne les fatiguent pas, et ils remercient Dieu de ces paroles : *Confiteor tibi Pater, abscondisti ea sapientibus et prudentibus, revelasti ea parvulis.* Ainsi les hommes ne seront raisonnables qu'en connaissant, les uns par la science, les autres par le sentiment, que ce monde est une machine, et Dieu l'a fabriquée.

Quant aux grades et échelons des personnes divines, il n'y en a pas ; la trinité se saisit dans un ensemble qui est Dieu ; la substance divine produit ou engendre une représentation d'elle-même, non pas inerte, comme dans un tableau, mais vivante, inhérente à son objet, grande comme lui, née en plénitude de sa sagesse, connaissant son origine, pour l'étendre et la glorifier ; parole, expression de la science divine, capable de se confronter avec l'océan de puissance, en qui elle se trouve. Génération intarissable et éternelle, féconde-t-elle aussi, avec l'expansion de la source divine, dans la voie de l'amour qui termine par force, la production intérieure de Dieu, qui ne saurait être que puissance, intelligence et amour ? D'où procède le St-Esprit ? Est-ce bien là, grades et échelons. Ce n'est pas au moins le langage reçu. En isolant Dieu dans une personnalité ennuyeuse, oisive, stérile, vous ne le comprenez pas davantage ; vous voyez moins ses ressources et son action dans l'éternité ; vous êtes plus en peine de la monotonie éternelle, d'une existence qui peut agir et ne le fait pas. De gré ou de force il faut admettre quelque chose d'éternel, sans quoi jamais rien n'aurait existé.

Au sujet de Moïse, son dieu, dit-on, était égyptien : ce dieu est le vrai dieu; Moïse ne lui permet rien de ridicule, ne lui ôte rien de ses perfections; il ne l'invente pas, il n'a rien à trouver chez les Egyptiens, il continue la ligne de ses adorateurs; sur cette route, des personnages aussi grands que lui répandent leur éclat : Abraham, Noé, Mathusalem, Hénoch, Enos, les malheurs d'Abel, il connaît les familles des saints, leurs titres et les faveurs d'une providence, que Dieu, seul puissant, peut départir à son gré. L'origine du mal est expliquée par lui d'une manière plus convenable qu'on ne saurait le faire. En toute autre hypothèse, il mêle l'allégorie à un récit, ce semble assez simple et assez suivi, et nous avertit, par là, qu'il n'a pas plu à Dieu de nous découvrir le mystère; que cette science du bien et du mal, tout en piquant la curiosité, est bien loin de la satisfaire. Comme législateur, dans les temps déjà où les hommes émigraient, faisaient des colonies, et, parfois, s'égaraient dans un isolement sauvage, il est incomparable; lui seul arrache un peuple, une nation toute entière à ses oppresseurs, supporte toutes les infirmités d'une multitude qui s'égare, et oblige son libérateur à une patience faisant tous les frais du dévoûment et des miséricordes. Les lois de Moïse, supérieures aux autres peuples, gardent dans le Décalogue la véritable lumière qui doit éclairer l'homme. Comme prophète, il s'associe à cet autre envoyé de Dieu, comme il est envoyé lui-même; il ordonne expressément de se soumettre à sa doctrine : *Prophetam de gente tuâ sicut me suscitabit Deus tuus, ipsum audies.* Ces mots, comme moi, annoncent un prophète législateur, et nul autre n'entre dans ces attributions, si ce n'est Jésus-Christ. *Deut* 18.

Pour Zooraste, il a reison de dire, d'après Moïse, que Dieu est le principe de tout bien, et le diable, ou Arimane, le principe du mal; jamais, du moins je le pense, ce doctrinaire n'a voulu établir un conflit entre deux dieux d'égale force, dont l'une ne pouvait pas empêcher l'autre. En ces religions, calquées les unes sur les autres, les compilateurs dénaturent les systèmes et substituent leur propre conception au rédacteur principal. L'on a pu mal saisir Zooraste comme on a fait pour les autres dieux, quoique l'Olympe fut toujours en bataille ; c'est plutôt la faute d'Homère que celles des divinités, elles avaient le destin pour les réduire.

Jupiter n'est pas le premier Dieu de l'idolâtrie : les Egyptiens en eurent d'agricoles qui ne lui ressemblaient guère; Volney est tourmenté d'une sorte de mauvaise foi contre les cultes, il donne toujours à titre gratuit, ce qui est le plus onéreux. Du reste, on n'a pas à s'occuper de ces religions idolâtriques qui ont couru le monde; elles ne prouvent autre chose, si ce n'est que les hommes abusent de tous les systèmes, et veulent toujours s'accommoder avec Dieu, même dans le mal ; que les choses, même les plus vraies, dégénèrent entre leurs mains, se traduisent à un état de folie, sans que jamais les philosophes aient espéré de ramener les masses ; c'est tout au plus en quelques écoles qu'ils évertuent leur science, encore est-elle défectueuse et va se perdre avec les idées populaires.

Pour la justification que j'ai accordée à Zooraste, je vais citer Lamennais : ce savant personnage, dont personne ne conteste l'érudition et une majesté de style supérieure à tout autre, a dit : « Il faut observer que le nom de Dieu avait, chez les anciens, une signification fort étendue ; on le donnait à tous les êtres qui semblaient avoir reçu une participation plus abondante de la nature et des perfections divines ; les esprits célestes sont appelés dieux saints dans Daniel, l'ombre de Samuel ; au livre des rois, dans l'Exode et les Psaumes, des hommes vivants sont aussi nommés dieux. On ne peut rien conclure de cette expression contre les païens, ni les blâmer toujours de l'usage qu'ils en ont fait. Il est incontestable que plusieurs nations n'adoraient pas seulement les mauvais esprits, mais encore les bons. Il est difficile de penser que l'on s'entende soi-même, quand on prétend que les païens attachaient à ces divers esprits la vraie notion de la divinité. Il faudrait donc dire que les hommes croyaient à la pluralité d'un dieu unique. A-t-on une véritable idée de Dieu, si on ne le conçoit pas comme infini, éternel, souverainement intelligent, indépendant ? Cicéron lui-même répond que non. »

Vous voyez donc que Zooraste et les Indiens ont pu appeler Arimane dieu, et lui laisser un rang très-subalterne; il est remarquable, même après le christianisme, que les religions controuvées sont aussi malsaines, aussi prodigieuses d'erreurs et d'absurdités que celles des temps anciens.

Pour attaquer le christianisme, Volney ne manque pas de reprocher aux juifs qu'ils obéirent toujours à un penchant invincible pour l'idolâtrie : le dieu Soleil avait son char et ses chevaux ; Adonis, ses amantes, jusques dans le temple de Jahava. Tant que le régime national se maintenait, la force coercitive du gouvernement retardait les faux dieux, et puis les conquêtes des sultans de Ninive et de Babylone eurent bientôt dissous le lien de la puissance publique. Livré à lui-même et sollicité, le peuple ne se contraignit plus pour les opinions profanes. Les prêtres transportés de Babylone s'imburent pendant 70 ans de la théologie asiatique, et y trouvèrent l'archange Michel, l'âme immortelle, la résurrection.

Il est notoire que ces dernières accusations sont pleines de faussetés. Les livres juifs ne désavouent pas le penchant du peuple pour l'idolâtrie; mais bien loin que ce peuple ait rapporté de la captivité le même penchant, il en prit alors une aversion aussi inconcevable que l'étaient ses longs écarts annoncés par Moïse. C'était à force de prodiges, et au bruit non-interrompu du ministère prophétique, qu'on voit se maintenir le culte du vrai Dieu. Jedecias, le dernier roi de Jérusalem, succombe, et les juifs expatriés en masse, assis sur les fleuves de Babylone, donnent un long cours à leurs larmes, plongent tous leurs regards vers le sol natal, ne répondent aux caresses de leurs fiers vainqueurs que par le trouble de leurs entrailles; ils savent les cantiques de Sion et les ferment en leur cœur, et plutôt que d'oublier Jérusalem qui leur est repromise ils jurent à l'énergie de leur sentiment de sécher sur tous leurs membres. Le juif tiendra parole; il presse autant que possible l'heure de son retour, et chaque fois qu'une parole, au nom de leur dieu, demande des sacrifices, le peuple se trouve plus déterminé que les docteurs.

Encore plus tard, lorsque Antiochus et tout le faste de l'Asie, alléchés par de misérables grands-prêtres, qui mettent à l'encan la charge de souverain sacrificateur, l'on a voulu introduire le Jupiter fameux des temps d'alors, en l'accompagnant des jeux riants de la Grèce. Le peuple juif, trainé dans les prisons, vendu à l'esclavage, brûlé dans sa demeure, environné de glaives, témoin de la splendeur dont on couvrait les apostats, ce peuple entend au désert le cri d'alarme des Machabées; malgré qu'ils fussent vaincus, leurs places d'armes à la merci des étrangers, l'univers verra de nouveau ce que peut un peuple adorant Dieu. Les armées innombrables des incirconcis sont attaquées corps à corps, une guerre d'extermination se prolonge, toute l'Asie, l'Egypte et ses généraux tombent sur la Judée. Le juif invincible, la prière dans le cœur, le glaive à la main, entasse les cadavres de ses ennemis, assiége, reprend Jérusalem, fait à Jupiter l'honneur qu'il mérite, en le livrant aux flammes. Un tel peuple va-t-il prendre la théologie de ses persécuteurs?

A l'encontre du Messie, les traditions sacrées, mythologiques l'avaient répandu, on en parlait comme d'un médiateur, juge final, législateur, sauveur, dieu, conquérant. Cette fois, Volney convient du Messie comme les autres; il ne laisse pas d'embrouiller les idées, dont il accepte le sommaire; un individu, ajoute-t-il, crut être le Messie, passe obscurément dans l'histoire, et sur ce premier canevas, un système authentique dont il ne fut plus permis de douter.

Il est bien permis de douter des résultats de vos zodiaques, de tout ce figurisme que vous déployez, avec vos constellations, vos bouquets, vos astres rentrants ou sortants, vous leur appliquez des symboles imaginatifs auxquels personne ne donne le moindre intérêt; et ce Messie que vous faites passer si obscurément dans l'histoire, comment osez-vous oublier les siècles qui en sont remplis? La chaine qui vous lie à ces événements vous présente d'âge en âge les écrivains et les histoires les plus irrécusables, sans parler des apôtres et de leurs successeurs immédiats. Voyez saint Justin au second siècle, il disait : *Nullum esse genus hominum, sive barbarorum sive græcorum, sive aliorum populorum, quæcumque nomine appellantur, apud quos, non fu-rient preces, creatori omnium per nomen Jesu-Christ.* Vous ne doutez pas qu'à chaque siècle l'on ne trouve les mêmes échos jusques à vous.

Vous devenez aussi ennuyeux dans vos redites, votre vierge céleste, votre bouvier couchés héliaquement à l'équinoxe d'automne, avec un fruit qui n'est pas digestible, étouffant le dieu Été, pour le ressusciter au printemps ; et voilà comme Indiens, Grecs, Occidentaux, vous faites un Christ nom cabalistique attribué à Bacchus et aux trois saisons.

L'on voit bien que vous vous essoufflez pour ne rien dire, écoutez plutôt un homme d'esprit qui, pour se moquer de vous, suit votre méthode et celle de Dupuy : il prouve mieux que vous ne sauriez le faire, contre le Messie, que Napoléon-le-Grand n'a pas existé ; vous vous reconnaîtrez parfaitement à son originalité ; voici l'extrait que j'amoindris beaucoup :

« Napoléon-le-Grand est un être allégorique, il est facile de prouver qu'il n'est pas autre chose que le soleil ; cet homme supposé naquit en Corse, sa mère s'appelait Lætitia, il avait trois sœurs et quatre frères dont trois furent rois ; il eut deux femmes, une seulement lui donna un fils ; il avait sous lui seize maréchaux, douze en activité ; triomphant dans le midi, il succomba dans le nord ; après douze ans de règne commencés en Orient, il va disparaître dans les mers occidentales. Tout le monde sait que le soleil s'appelle Apollon ou exterminateur, et Napoléon fut le plus grand exterminateur d'hommes qu'on puisse voir. Maintenant il s'appelait aussi Bonaparte, rien ne se rapporte mieux au soleil : c'est la lumière que sa présence produit, les ténèbres prévalent en son absence ; voilà donc la bonne ou mauvaise part que je rencontre dans le nom de Bonaparte. Le soleil naissait à Délos, Napoléon en Corse ; ils aimaient tous deux les parties méridionales, soit en France, soit en Grèce. Que Pausanias dise du soleil qu'il était un dieu Egyptien, ceci ne l'oblige pas d'y avoir sa naissance ; au reste, Napoléon fut vainqueur de l'Egypte ; sa mère, du nom de Lætitia ou joie, c'est l'aurore qui ouvre les portes de l'Orient ; la mère d'Apollon s'appelait Læto, Latonne, Lætitia. Les trois sœurs de Napoléon désignent les trois grâces, ses quatre frères les quatre saisons de l'année, trois furent rois ; c'est évident, le printemps, l'été, l'automne règnent avec beaucoup d'appareil, il n'y a que le pauvre hiver qui est toujours un mauvais dieu ; aussi le quatrième frère de Bonaparte régna-t-il à Canino qui veut dire frimats. Puis l'invasion des peuples du Nord bouleversent le drapeau tricolore, ils lui substituent un drapeau blanc, emblême de l'hiver. Napoléon eut deux femmes comme le soleil, auquel on destine la lune et la terre ; infécond du côté de la lune, la terre lui donne le petit Horus, fils d'Osiris et d'Isis, c'est-à-dire du soleil et de la terre ; aussi le fils de Napoléon a fait sa naissance au vingt mars, équinoxe du printemps. Le grand Napoléon tue l'hydre révolutionnaire, comme Apollon ou le soleil tue le serpent Python, dragon immense qui dévorait la Grèce. Les douze maréchaux en activité sont les douze signes du zodiaque ; à cela on n'a rien à dire, pas plus qu'aux quatre autres qui sont les points cardinaux, immobiles stationnaires. Le pauvre soleil Napoléon triomphe dans le midi et va s'éteindre dans le Nord, ses douze années sont les douze heures du jour ; toute la marche napoléonienne n'est donc, à vrai dire, que l'article du soleil et de ses allégories. D'ailleurs, Louis XVIII ne fait pas défaut à son histoire : il date les années de son règne de façon à faire disparaitre le géant Napoléon Bonaparte. » Je défie Dupuy, Volney de faire des allusions plus séduisantes que celles qu'on vient de lire ! et voilà ce que signifient tous ces systèmes perdus de soleil et d'étoiles, de canicules et de dieux hiver, de dragons célestes dévorant la vierge.

Si vous vous plaisez en allégorie, il n'y a qu'à continuer. Encore de nos jours, on dit que Napoléon III règne sur la France : c'est le soleil assurément. Qu'y a-t-il en similitude de plus concordant? Cet autre Napoléon agrandit le commerce, rassure les esprits, répand l'abondance, culbute une mauvaise chambre de députés, s'intronise en France, baillonne l'anarchie, devient restaurateur de la religion ; c'est toute l'action solaire qui verse la lumière, dessèche les miasmes, repousse la confusion de l'intempérie et règne au milieu des airs. S'il y a des nuages en Piémont ou à Constantinople, le soleil Napoléon les dissipe, et il est toujours menacé par les mers d'Angleterre qui ne veulent pas de son action vivifiante. En faisant ainsi de l'histoire, nous serons solidement fixés.

Volney continue d'éclairer de la sorte dans son parallèle du Coran et de l'Evangile ; il déchire la morale, travestit en disputes les devoirs les plus essentiels et indispensables. La morale, pour être sainte, et juste, et véritable, a besoin d'une origine avec le caractère qui émane de Dieu, dispensateur des récompenses et des châtiments; faites de l'homme une espèce d'animal, il n'a pas plus de devoirs que la bête, et aussitôt qu'elle il se retranche dans l'égoïsme du moment. La morale donc sera plus sérieuse, selon le rapport que vous lui donnez à la sanction de Dieu. L'Évangile ne s'impose à nos esprits qu'autant qu'il est un trésor du ciel. Il était donc essentiel à Jésus-Christ d'être l'alpha et l'omega, non pas une puissance empruntée et négative, mais réelle, personnelle, indépendante, maîtresse et productrice des mondes; il est partout dans son domaine, où tout genou fléchit devant lui, au ciel, sur la terre et dans les enfers, voilà ce que j'appelle sanction de ma foi et de mes devoirs. Faites-en autant de Mahomet et des autres fondateurs de religion, ils renvoient tous à l'idéalisme de Dieu traduit sous mille formes, au lieu que nous avons pour nous un dieu-homme; cette seule idée place un espace immense entre sa doctrine et celle des autres.

Maintenant chicanez sa morale, prétendez qu'elle ne dit rien de nouveau. Jésus-Christ prescrit la charité comme commandement nouveau, soit que sur ses lèvres il eut un nouveau et plus auguste apanage, soit que lui-même relevant la valeur des hommes par la parenté qu'il établissait avec eux; depuis, nous sommes plus coupables qu'auparavant, en ne respectant pas les frères de Jésus-Christ. On dit que l'Indien jette à la mer le sacrifice qu'il s'impose pour ses dieux; l'humilité chrétienne est moins un mode de dévotion qu'il n'est dans l'ensemble de la vie, l'idée continuelle de se rapporter à Dieu, de lui plaire sans affectation et de rendre service sans que la main gauche sache ce que donne la droite. Vous trouvez que de tendre la joue est une faiblesse et provoque l'insulte; ce n'est pas à tout venant qu'on vous exhorte de le faire : lorsque un grand caractère, incapable de haine, est insulté par colère ou les saillies du vulgaire, il ne s'émeut pas, prend son agresseur en témoignage de sa patience et regarde la Providence plus intéressée que lui à la justice de sa cause.

Volney ne comprend rien non plus à l'histoire de l'Enfant prodigue. Ce philosophe avait-il femme et enfants; ne sait-il pas que les écarts de la jeunesse ne prouvent pas toujours contre elle? Il peut y avoir des crimes presque irrémissibles dans la bassesse et l'égoût de l'hypocrisie, justement dans la saleté bestiale de l'athéisme; mais qu'un fils de famille, égaré par la volupté, tourmenté par la soif de ses désirs, ennuyé du cercle étroit où naviguent l'économie, la discrétion, le travail et la patience; que jeunesse s'oublie, qu'enfin l'enfant prodigue vienne à endurer la faim, dans les élans d'une âme ulcérée, où la trempe de Dieu est empreinte, le jeune homme dit : Dans la maison de mon père, l'abondance est offerte même aux emplois des mercenaires, et moi, au bac des cochons, j'ai faim, et ma poitrine s'ouvre en regardant ce que mangent les pourceaux. Je quitterai ces lieux désolés, j'irai dire à mon père : je ne mérite pas d'être appelé votre fils, mettez-moi au rang de vos serviteurs. Le père peut-il s'oublier lui-même, son fils est une progression de sa vie, son fils a repris la vigueur des sentiments de la piété filiale; que fera le père à cette résurrection de son fils? est il possible qu'il le condamne à rentrer dans la fange des vices; où prendra-t-il un retour si fortuné avec émotion? Le recevoir comme une visite de tous les jours serait une véritable dérision; le fils a un cœur rempli d'amertume, de crises, celle de l'infortune; le père indifférent garderait l'apathie? Oh! ce n'est pas trop pour un père de revivre avec son fils, de tuer le veau gras : celui qui était péri s'est trouvé, celui qui était mort est ressuscité.

Jésus-Christ va plus loin dans la conversion du pécheur, soit qu'il parle d'un état modifié dans la prédestination, soit qu'il rende compte simplement de ce qui se passe parmi les hommes : lorsqu'un bijou est perdu, l'on bouleverse toute la maison pour le trouver, et sa recherche lui donne un nouveau prix; lorsqu'une brebis est égarée, tout le troupeau que le berger a sous les yeux ne lui donne pas autant de joie, pour le moment, que la rencontre de celle qu'il avait perdue.

Le père de famille n'est pas capricieux non plus; dans la solde du travail qu'il donne aux ouvriers de la vigne, le prix est convenu. Les idées d'ordre et de pratique demandent pour l'enseignement qu'on paye au jour le jour; il n'y eût rien de remarquable, sans la spécialité de payer pour quelques heures autant que l'ensemble du travail. La proportion observée ne convenait pas à un homme généreux et riche;

elle convient moins à Dieu, qui ne compte pas en toute rigueur avec nous, autrement il fera un désert de sa vigne; que faire alors, que la 6e ou 7e heure lui fournisse quelques ouvriers, il ne peut leur donner moins que le paradis; voilà le prix de la journée. Ce qui n'empêche pas que d'autres glorifications appartiennent à certains ouvriers, prophètes, apôtres ou martyrs. Allez à ma vigne, à midi, le soir ou à la nuit tombante, c'est pour les étourdis, les vieillards, les mourants; Jésus-Christ ne sonne pour personne l'heure du désespoir.

En tirant par les cheveux les paroles évangéliques, on peut quelquefois y trouver un sens discordant avec l'ensemble, ou d'une difficile application; mais si l'on tient compte des embarras du langage, des métaphores, de l'opportunité de l'enseignement, des variantes qui changent souvent le sens d'une phrase, avec de la bonne foi l'on se retrouve sur un terrain convenable. Jésus-Christ n'est pas d'hier ni d'aujourd'hui, il est de tous les temps, et enrichit plus Dieu que toutes ses œuvres extérieures ne pouvaient le faire, comme c'est aussi pour nous notre boussole et notre trésor. *Ubi abundavit delictum super abundavit gratia.*

Enfin Volney termine ses tirades anti-religieuses par un arrêt, sans appel, qui contredit ses théories. Autrefois, tous les cultes avaient pour origine des idées absurdes, préconçues aux objets physiques; le larronnage et l'ignorance les avaient étendus. Le dieu hiver, figuré partout comme désastreux, serpent effroyable, il dévorait sa queue, et depuis l'Egypte jusques aux Indes le fonds des dieux était le même. Les idées, au sujet de la création, assez ressemblantes, et puis les mauvais génies, combattant contre les bons, avaient troublé l'âge d'or. Jupiter, Brama, Jésus, premièrement en saisons, avec l'indispensable zodiaque, puis se civilisant avec le temps, portaient toujours le même cachet physique. En naissant et grandissant de la sorte, il était naturel à ces dieux de se donner la main et d'être d'accord, obligés seulement les uns de séparer leurs influences d'avec certaines autres. Quand les rameaux appartiennent à la même souche, on ne doit pas être en peine de distinguer l'arbre qui les produit. Maintenant pour préambule de condamnation, le philosophe ne voit que dissentiment religieux; c'est le hasard, dit-il, qui vous fait naître sur le Tibre, l'Euphrate ou le Gange, et la naissance vous rend chrétiens, musulmans ou idolâtres; ce n'est pas un choix réfléchi qui vous fait suivre l'étendard d'un prophète plutôt que celui d'un autre.

L'homme, sans doute, subit les préjugés de sa naissance, et tant qu'il ne sait pas mieux il est excusable de suivre les usages de son pays; mais s'il naissait chez un peuple d'athées, croyez-vous qu'un homme raisonnable pourrait s'abrutir jusqu'à cet excès de ne voir rien au-delà de lui; qu'il oserait dire : je suis le plus parfait de tout ce qui existe, et il ne peut y avoir un être meilleur que moi. Quelques débris de force, d'intelligence, de science, peuvent bien pressentir que ces vertus, dont il voit un développement, existent quelque part en plénitude, et que le parfait a plus de droit à l'existence que les défaillances passagères, et que la terre ne saurait être le seul endroit d'habitation possible, qu'il n'est pas question de chercher partout des hommes, que d'autres facultés animées peuvent avoir leur essort ailleurs. Vous marmotez comme des imbéciles sur une petite motte et vous dites : il n'y a rien au-delà. Taisez-vous plutôt, vous qui n'avez pas pu vous former vous-mêmes : déclarer solennellement à l'homme qu'il est le *nec plus ultra* de l'existence, c'est mentir à sa conscience, insulter à ses misères, et trancher en fanfaron sur une question qu'il ne connaît pas. Les quelques feuilles que Christophe Colomb, avant l'abordage, trouvait dans les mers américaines, n'étaient pas le continent, quoiqu'elles désignassent son existence; vous n'êtes que des feuilles détachées, le continent garde sa place. Disons donc : un grand esprit a tout fait, il s'est occupé de nous qui sommes mixtes, matière et intelligence, à la fois; nous ressortons de son cadre, et ne l'avons pas déterminé; nous sommes justiciables à notre première cause, et voilà pourquoi nous suivons Zooraste, Mahomet, et mieux encore Jésus-Christ.

Tout-à-coup Volney s'inspire d'une singulière façon pour un athée : il fait descendre Dieu dans les splendeurs de sa gloire et le présente tel qu'il est, plein d'éclat, de majesté, de puissance; et, au milieu des peuples réunis, Dieu en colère, semble leur dire : canaille, je viens vous juger à votre façon; puisque vous vous damnez les uns les autres, et que vous ne voulez qn'une religion vraie, c'est-à-dire chacun la vôtre, et encore dans celle-là ne me laissez-vous pour ma part qu'un quart des prosélytes ; à quelle solitude d'admirateurs condamnez-vous ma grandeur et ma gloire? Eh ! bien, je reprouve tous les cultes, hors un seul ; voilà l'urne où vos noms sont placés, osez tirer cette terrible loterie. » Les penples n'osèrent pas.

Mais si Dieu, regardant ces malheureux mortels qu'une bonne intention conduisait vers lui, eût rendu le seul jugement qui pouvait sortir de sa bouche ; qu'il eût dit : Peuples malheureux, quoique esclaves, pour la plupart, de l'erreur, vous m'avez désiré, vous m'avez cherché, me voilà ; je vous embrasse tous, n'exceptant de ma compassion que les athées et ceux qui leur ressemblent, dont la conduite est abominable. Qui serait pris alors ?

La religion de Jésus, c'est celle qui vous inquiète le plus, ne veut pas condamner mal à propos ; ses papes enseignent que les actions des infidèles ne sont pas toutes des péchés, que la grâce n'est refusée à personne, *facienti quod in se est, Deus non denegat gratiam* ; l'adage est reçu en toutes les écoles. Saint Paul dit de Jésus qu'il est le sauveur de tous les hommes ; saint Thomas dispose d'un ange plutôt que de laisser sans la foi essentielle le moribond sauvage bien intentionné ; saint Paul encore aux hébreux, ou attribué à l'apôtre, n'exige, selon les temps, sans doute qu'une foi rémunératrice, *sine fide impossibile est placere Deo, credere opportet accedentem id Deum, quia est, et inquirentibus se remunerator.*

Frayssinous, de nos jours, menace son auditoire du jugement dernier, et de ces peuples infidèles qui seront reçus dans le ciel plutôt que les mauvais chrétiens et les philosophes incrédules. Est-ce là une doctrine désespérante.

Après la descente de Dieu sur les peuples, Volney leur dit : Rien de plus discordant que vos systèmes, rien qui soit plus d'accord que vous tous ; dites-moi, l'or est-il plus pesant que le cuivre? oui ; le sucre plus doux que le miel ? oui ; le fer est-il plus dur que le plomb? oui ; vous voilà tous du même avis sur la physique, elle est donc vraie et vos systèmes sont faux ?

Pourquoi ne pas continuer un peu plus, et les trouver tout

aussi d'accord en métaphysique qu'ailleurs ? Disons aux peuples : Voudriez-vous être heureux? oui ; avoir à votre disposition l'espace et les mondes? oui ; connaître la cause des choses et tous les labyrinthes de la science? oui ; voudriez-vous que Dieu s'occupât de vous et ne vous traduisît pas à la condition du néant ? oui ; voudriez-vous que votre mort ne fut qu'un sommeil et qu'à votre réveil vous fussiez comblés de mérites et de bonheur? oui; pouvez-vous avoir ces choses dans ce monde? non; il faut donc les chercher en Dieu et l'invoquer à tout prix ; car il est impossible que vous ayez des besoins et des désirs sans pouvoir y atteindre, un temps ou l'autre; votre nature ne devine pas ce qu'elle ne peut pas donner; voulez-vous qu'elle ait senti des besoins qui n'auraient aucun rapport avec elle?

Personne n'a pu lire Volney sur l'histoire de Samuel sans voir qu'il prend le contre-pied de l'auteur falsifié et abruti; le personnage principal lui prête un dictateur hypocrite de plusieurs années, contre l'expérience, chez tout un peuple qui voit chaque jour à l'œuvre son juge et son chef ; qui, dans ses assemblées, reconnaît son impartialité et son désintéressement ; qui ne se plaint jamais de lui, mais seulement de ses enfants ; qui lui demandent un roi que Samuel accorde à contre cœur, mais qu'il ne refuse pas ; auquel on ne voit jamais de richesses, ni de fastes, ni aucun écart. C'est dans ce personnage, l'un des plus illustres qu'on puisse voir, qu'il cherche à montrer la plus odieuse fourberie qui fût jamais. Jamais aussi, en dénaturant les faits, trouverez-vous chez les hommes une vertu exemplaire et une conduite politique irréprochable. Je m'aperçois bien que chez vous, vertu n'est qu'un mot ; mais Léonidas, Titus, Aristide, les apôtres de Jésus, vous auraient répondu autrement.

Vous trouvez chez un enfant, Samuel encore, une hypocrisie impayable et un avertissement qui, s'il ne vient pas du ciel, n'aurait trouvé aucun succès dans l'avenir. Le juge en question était instruit, vous en convenez ; s'il avait choisi de lui-même un roi, il l'aurait pris dans la tribu de Juda, à cause de la prophétie de Jacob, et s'il s'était mépris il aurait caché sa faute plutôt que de se trouver en défaut chez un peuple qui connaissait ses livres. Il prend Saül sans le connaître, adressez-vous aux desseins de celui qui, bon gré mal gré, influe sur les destinées des peuples; Samuel pleure Saül, et gratuitement, dit Volney, les larmes sont de la fourberie sacerdotale. Le *Concidit in fusta* d'Agag est reproché comme une cruauté, mais on peut le traduire à une condamnation à mort qui n'a rien d'extraordinaire, et Samuel ne laisse pas ignorer les crimes reversibles sur la tête du coupable. Ce n'est pas ici la première guerre contre les amulécites; qu'on s'en prenne à Moïse et à la rigueur un peu barbare de ces temps anciens, ils peuvent répondre qu'en matière de représailles les uns font faire aux autres, et que les juifs étaient saccadés à leur tour.

Volney plaint l'idole de Dagon qui renverse l'arche d'Israël, il aime encore à y reconnaître la main des prêtres dagonistes; est-ce bien l'affaire? ces défenseurs de Dagon auraient-ils préféré un symbole vaincu au relief de leur ministère. Sans doute, les philistins n'ignoraient pas l'histoire juive et reconnurent sa supériorité dans les offrandes faites à l'arche; pour des prêtres païens, ils n'auraient pu se décider à la légère à substituer au culte, dont ils étaient en possession, une préférence pour celui qui les condamne; en ce cas, ils auraient laissé d'autres traces de leur action.

Sorciers, prophètes, tous de la même clique; chez les juifs, des sorciers tels que Samuel, Nathan, David, Elie, Elisée, Isaïe, Jérémie, Daniel, etc., ont une importance exceptionnelle et durable; leurs écrits, après tant de siècles, bravent encore la critique, et si vous voyez que les juifs environnés d'idoles aient pu les conserver intacts pendant plus de quatre mille ans, convenez que ce n'était pas des systèmes ordinaires ou des sorciers de peu de valeur.

Quand à la fable d'Esdras qui fabrique la Genèse et sa continuation, les juges, les livres des rois, les psaumes, les œuvres de Salomon; quelle fabrique fut jamais plus inconcevable! Un peuple datera à l'origine du monde, suivra ses époques, ses généalogies, ses progrès, ses aventures, et, peuple hors ligne, il les suivra jusqu'à la fin du monde. Un tel peuple aura des livres pour tous les temps, pour toutes ses phases, ses faits historiques et ses révolutions; il sera éclairé de Dieu dans sa loi et son culte; aucun autre ne s'élèvera à sa hauteur et sa sagesse; il portera les symboles d'une autre religion plus appropriée à la généralité des peuples, pendant la durée de plus de trois mille quatre cents ans, selon la Vulgate, durée plus étendue encore au comput hébraïque. Un tel peuple sera sans histoire jusqu'à ce qu'un prêtre, revenu de Babylone, lui fasse sortir de dessous terre ses ancêtres, ses héros, ses aventures, ses législateurs, ses prophètes, qui ne sont plus distants du Messie que de quelques six cents ans, encore qu'ils aient signalé son caractère et ses œuvres. Esdras se chargera de tant de livres et de leur style en harmonie avec les époques, de tant de rebuffades contre les prévaricateurs, dans un moment de restauration, et parmi de pauvres exilés, et côte à côte avec la savante Egypte, le juif n'aura jamais appris à lire. C'est un peu dur, que faire encore des Samaritains et de leur Pentateuque, comme celui de leurs voisins, quoiqu'ils ne sympathisent pas, pas même en toute matière religieuse.

Curiosité incomparable, Volney admet des faits qui ne peuvent subsister qu'avec l'ensemble et les abandonne pour courir à ses découvertes de mots, de constellations, d'étoiles. Faire tour à tour censure de la similitude des religions et de leurs disparâtres, les éteindre parce qu'elles se ressemblent, les brûler parce qu'elles diffèrent ; c'est bien la guerre des amulécites, avec l'inexorable refrain des mêmes légendes. Aussi, nos armes sont-elles peu diversifiées, pour saisir un monstre qui n'existe pas et ne saurait avouer des formes ; la pensée la plus industrieuse n'a jamais habillé le néant.

Il est donc évident, en ces sortes de livres philosophiques, qu'on veut essayer de se passer de religion, et qu'on cherche à remplacer la foi par ces grands mots : Matière, soleil, fourberie des prêtres, nature, différence des cultes, etc. Comme ces choses ne disent rien au malheureux, et qu'un temps ou l'autre nous le sommes tous, la plaie continue et devient inguérissable. Les apôtres athées n'ont jamais pu sécher une larme, ils tuent le remords et ne se défient pas qu'au conflit de leurs ennemis, endoctrinés par eux, la fumée ne sera plus insensible que leurs regards, et que le lien de la fraternité et de la justice de Dieu, une fois détruit, ils ne peuvent opposer quoique ce soit aux malfaiteurs puissants et armés. Pêle-mêle, à la boucherie du plus fort, les cris des égorgés et des bourreaux auront les mêmes accents.

Ainsi conduite, la société ne fait pas de halte pour respirer un peu ; avec un ciel d'airain et une terre de fer, la voilà disputant ses quelques jours à la mort, son langage n'a plus de voix pour la pitié ; quelles plaintes adressez-vous à des êtres qui s'en vont pour ne plus revenir, et ne se retrouver jamais ? Si les peuples ont échoué, en cherchant Dieu, la liberté comme la religion ne sera qu'un mot. Forcés de toutes parts, dans un monde inintelligent ; fermés dans un cadre, d'où l'on ne peut sortir, quel choix d'actions, lorsque tout est matière, inertie, ou bouleversements continuels ?

La justice, à quel titre n'est-elle pas arbitraire, précaire, fantastique ? Les tribunaux deviennent une usurpation de la force, les lois une déclaration de guerre, une contrainte insupportable, un génie de trahisons et d'insultes. C'est à la vengeance de réclamer contre ces abus, c'est contre nature de ne vouloir pas pour soi plutôt que pour autrui. Qui osera soutenir qu'on ne suit pas sa destinée, quand elle ne peut s'expliquer qu'avec son intérêt personnel et ses actes ? Si je suis indépendant, tout m'est permis ; si je suis forcé, c'est tout de même, l'on n'a rien à me dire. Voudriez-vous que j'écoute vos doctrines pendant que vous méprisez les miennes ? A cela il n'y a pas de chance.

En final, si l'un a quelque chose plus que l'autre, c'est détestable ; quelle fantaisie avait la nature de vous donner plus qu'à moi ? Il est curieux qu'ayant la même boue pour tous, elle n'aie pas le même moule. Si je suis spoliateur et qu'elle désapprouve, ne lui aurais-je pas bientôt répondu que c'est son fait plus que le mien ? Pourquoi m'accabler de convoitises et de besoins, sans jamais les satisfaire ? Aux récompenses qu'elle me réserve, on connaît sa force, son savoir, sa valeur, sa brutalité, ses caprices. Quelle nécessité de faire des hommes pour le néant, et de les construire sans les connaître, sans les contenter jamais ?

Je voudrais bien voir une chaire d'athées devant Néron, Phalaris, ou les Escrocs, comme ces messieurs brilleraient dans leur système, à moins de se mettre en compagnie avec les tyrans du trône et de la bourse ; pure fantasmagorie qu'une morale sans religion, l'on s'en aperçoit au recueil de ses idées et à l'inspection de l'état social. Les climats peuvent quelque chose au physique, et ne parlent pas de même à l'esprit ; sa sphère est à peu près la même dans le nord ou le midi. La conscience est de tous les tempéraments et de tous les lieux ; elle disparaît sans la foi, ou n'a pas sa raison d'existence. Les philosophes se retranchent derrière l'intérêt bien entendu, ils n'ont que cette marotte ; mais l'intérêt de tout le monde est qu'il y ait un Dieu. Disons-leur mille fois encore que leur intérêt est impuissant, impossible, avec nos défauts et nos besoins, et la soustraction de l'avenir. Exhiber l'intérêt des autres quand il est contraire à vos propres affaires, ou indifférent, c'est prêcher dans le désert.

Jésus-Christ, auteur et consommateur de la vraie foi, ramène autour de lui tous les âges antérieurs ; il ouvre, continue et ferme la scène où s'expliquent Dieu et les hommes. Au labyrinthe de nos contradictions, il est le fil qui en fait tous les détours, qui joint le commencement, le milieu et la fin, qui nous laisse sortir d'une origine convenable, pour nous ramener à notre créateur. L'espérance se fondait sur l'avenir du Messie, et ensuite justifiée par lui, non-seulement dans l'ordre des prédictions, mais aussi dans la valeur du personnage, on le voit différent des autres hommes, présenter toujours un état de perfection. Indulgent, aimable, sans envie, sans besoins, sans caprices, sans autre vouloir que celui d'être aimé et d'aimer lui-même sans mesure. Le commerce des hommes ne change rien en lui, et les autres s'améliorent en gardant leurs qualités et leurs défauts ; nulle part une domination de violence, tous sont libres avec lui.

Jésus-Christ est l'ami dont le langage est pour instruire, sans accessoire de science, d'éloquence, de terreurs, si ce n'est dans une juste appréciation de nos destinées et la coutume du langage. Il ne dissimule pas ce qu'il est, mais semble parfois s'amoindrir et se proportionner à nos regards obscurs que trop de lumière pourrait éblouir. Son ménagement est indicible pour les pauvres et les ignorants ; il résiste aux forts et suspend à ses lèvres, quand il lui plaît, son auditoire le plus nombreux ; son œuvre n'est pas d'un jour, c'est de trente-trois ans.

Jésus-Christ est le sublime de la pensée et des chefs-d'œuvre de Dieu. Le genre humain, épuisé par des idées religieuses, ne serait plus que l'apothéose ridicule de ses tyrans : on les égorgeait exprès pour les expédier au rang des dieux. Le docteur qui nous a rappelé du milieu de ces ténèbres, s'est familiarisé avec nous, en accordant, dans sa personne, les deux extrêmes : Dieu et l'homme. Il emploie dans son ministère la voie des bienfaits, celle de l'enseignement et des prophéties. Sa naissance le montre tel qu'il sera toujours, tout puissant dans les cieux, et le plus obscur des hommes : c'est là Jésus-Christ en entier, délaissé, pauvre, calomnié sur la terre, et conversant dans le ciel avec les anges qui l'adoreni, ou éclairant dans le sein de Dieu les vastes abîmes qu'il parcourt en sa génération inénarrable. Ici-bas, tout le faste des grandeurs humaines s'éteint devant lui; il dédaigne les armes de la faiblesse qui emprunte, et ne joue son rôle qu'avec l'accord multiple des forces réunies, qui, toutes, lui obéissent; lui seul opère, instruit, commande, tempère toute sorte d'obstacles. Ses prodiges ne sont pas une commisération intéressée pour ceux qui se sont déclarés pour lui, mais plutôt une pitié générale. Il a tout prévu, tout annoncé, et sa patience est toujours tranquille, parce qu'elle ne rencontre rien qu'elle n'aie su d'avance. Inaltérable dans sa douceur, elle ne tombe pas dans l'apathie; sa volonté et celle qu'il inspire à ses disciples est le courage du soldat qui brave les tourments et la mort. Si dans les champs de bataille, le guerrier vend sa vie et menace celle des autres, le nouveau soldat de Jésus-Christ, à l'exemple de son maître, ne frappe pas de l'épée, mais accepte de mourir, parce qu'il a en Dieu une vie cachée, impérissable, et que la condition de mourir est la route du ciel. C'était assez de tant de bontés, de tant d'assurances, de tant de force morale, pour reconnaître le docteur suprême, dont le souvenir devait commander à tous les cœurs.

Si jamais les hommes avaient pu se réunir pour demander au ciel un précepteur, auraient-ils pu réclamer tant de vertus, de patience, de miséricordes, d'obéissance, jusqu'à la mort : il ne la cherche pas, il ne l'évite pas; ses menaces contre la trahison et l'orgueil semblent encore compromises par ses actes d'amitié et ses paroles de bienveillance. Une fois livré aux mains homicides, une fois ou deux il maintient sa divinité, encore qu'il sache que c'est pousser à bout ses adversaires; et puis son silence qu'il ne veut presque plus troubler commence la mort qu'il accepte pour nous. Quand tout est consommé, il expire : sa parole, toujours subsistante, devient plus solennelle ; alors qu'il meurt, c'est alors qu'il est le plus puissant. Ceux qui viennent après lui, dans le tempérament qu'il a gardé pour lui-même, ne précipitent rien et s'avancent, comme leur maître, avec douceur et conviction ; plus souvent ils se considèrent comme des témoins, qui déposent à la vie, à la mort, ce qu'ils savent de leur maître, et maintiennent devant les siècles passés et à venir, *non est in alio aliquo salus nec est aliud nomen sub sole datum hominibus in quo opporteat nos salvos fieri.* Je suis sûr, disait saint Paul, de la puissance de celui en qui reposent mes espérances, *scio cui credidi et certus sum quia potens est servare depositum meum.*

Le bonheur que la complaisance de nos idées promène sous mille formes différentes, qui plonge dans les profondeurs de la puissance, de la science, de l'admiration, de l'ébahissement de nos sens, où trouvera-t-il sa patrie, où prendra-t-il son repos? Il lui faut un motif d'un ordre supérieur, surnaturel, pour arrêter les soupçons et les alarmes. Jésus-Christ ayant travaillé pour le but essentiel de notre justification, ayant des trésors ineffables, un commerce d'intérêt avec nous, couvrant de ses splendeurs les abîmes de Dieu, dont il est une participation éternelle ; enveloppant tous les hommes dans sa cause, comme chef de tant de membres, comme tronc où poussent des rejetons qui leur appartiennent, n'est-ce pas plus grand que la formation de mille univers? Affiliés à Jésus-Christ, ses disciples gouvernent où il domine lui-même, partagent ses pouvoirs et ses jouissances, brûlent aux flammes de son cœur, et se réjouissent devant Dieu d'être moins les serviteurs de sa gloire que des conquérants. Quel est le nombre de ces milliers de mondes qui roulent dans l'espace? quel est le tableau de la puissance et de la majesté de Dieu? où peuvent aller nos désirs? Fondés sur Jésus-Christ, nous sommes partout dans nos domaines, et notre parole, comme la sienne, domine en tous lieux. Les anges eux-mêmes peuvent brillanter au-dessus de l'homme, ils voient en nous l'image de Jésus-Christ et se prêtent à toutes nos ardeurs. Nous ne pouvons trouver ailleurs de signes caractéristiques pour notre bonheur. Nous ne pouvons imaginer ni en Dieu, ni nulle part, aucune condition comparable à celle que nous donne le Sauveur ; c'est qu'il s'est mis à l'œuvre, non pas pour lui, mais pour nous; c'est qu'il est monté à l'assaut de *Golgotha* pour nous jeter son ombre et dissiper tous les orages de nos malheurs. Heureux Dieu, qui a pu se payer de la sorte chez des insolvables, et heureux nous-mêmes qui avons pu reconquérir Dieu.

Enfin Jésus-Christ est la sanction indispensable à Jehova; convaincu de mensonges et de fallacieuses promesses, le dieu des juifs, avec tout l'éclat de ses millions de prodiges, n'aurait pu se trouver qu'un système manquant à ses bases; ses prophètes seraient déroutés, l'homme perdu dans le monde qu'il interprète, ne voyant nulle part de suite et d'accord, et trouvant partout la science défectueuse, roulant la machine monde et son fabricateur, sans y rien comprendre; le spiritualisme eût flotté à tout vent de doctrine, et l'idolâtrie, en possession des siècles, eût continué son rôle à la fantaisie des peuples et des tyrans; les Cicérons, n'importe de leurs talents, eussent arrêté des préambules, des théories d'imagination, sous le tourbillon des maux et des souffrances, sous l'avidité de nos convoitises. L'espèce humaine eût toujours cherché des divinités de son choix. Nous ne pouvions jamais commencer ni finir. Jésus-Christ nous conduit, nous éclaire, nous communique sa vie avec la foi, l'espérance et la charité, et nous garantit la perpétuité de ses promesses au-delà du tombeau.

FIN.

Clermont-Ferrand, typographie d'Auguste Veysset, libraire et lithographe.

www.ingramcontent.com/pod-product-compliance
Ingram Content Group UK Ltd.
Pitfield, Milton Keynes, MK11 3LW, UK
UKHW020940180726
13838UKWH00003B/1051